U-Boot Laurin antwortet nicht

C. H. GUENTER wurde 1924 in Franken geboren. Wie viele seiner Altersgenossen legte er im Krieg das Notabitur ab und wurde zur Marine eingezogen, der er dann bis Kriegsende angehörte. Seine wichtigsten Einsätze erlebte er als Offizier zum Teil auf U-Booten. Seine Laufbahn als Schriftsteller begann C. H. Guenter mit dem Schreiben von Songtexten und Kurzgeschichten. Später folgten Drehbücher und Kriminalromane. Viele seiner Romane erschienen in den USA, in England, Frankreich, Brasilien, Italien und Rumänien.

C.H. Guenter

U-BOOT LAURIN ANTWORTET NICHT

Roman

Weltbild

Besuchen Sie uns im Internet:
www.weltbild.de

Genehmigte Lizenzausgabe für Verlagsgruppe Weltbild GmbH,
Steinerne Furt, 86167 Augsburg

Erschienen im Ullstein Taschenbuch
Umschlaggestaltung: JARZINA-Kommunikations-Design, Köln
Umschlagmotiv: Viktor Gernhard
Gesamtherstellung: Bagel Roto-Offset GmbH & Co.KG, Schleinitz
Printed in the EU

ISBN 978-3-8289-9044-9

2010 2009 2008
Die letzte Jahreszahl gibt die aktuelle Lizenzausgabe an.

1

Die Nacht war dunkel und mondlos. In der leicht bewegten See war das schwarze deutsche U-Boot kaum erkennbar. Bei Eintritt der Dämmerung war es in Cherbourg ausgelaufen und nahm nun Kurs 270 Grad Richtung Ärmelkanal. Mit beiden Dieseln große Fahrt kämpfte es gegen die starke Strömung an und erreichte gegen 23 Uhr die britische Küste.

Neben dem Kommandanten stand ein Zivilist. »Hätte nie gedacht, daß ich einst als U-Boot-Lotse gebraucht werde«, äußerte er.

»Dann müssen Sie die zerklüftete Halbinsel ja ganz gut kennen.«

»Ich bin in Cornwall aufgewachsen, unweit von Land's End. Mein Vater war Förster.«

»Wir müssen in die Bucht von Penzance hinein.«

»Ich werde sie finden«, versprach der Zivilist.

Mit Abstand passierten sie einige britische Küstenwachboote, später tauchte vor ihnen eine schaukelnde Laterne auf.

»Ein Heringsfischer vor Netz«, vermutete der Zivilist.

Es wurde Mitternacht, dann hatten sie Land's End umrundet und liefen in die schlauchartige, felsige Bucht hinein. Sie war oben auf den Hängen bewaldet, sonst lag sie wie tot vor ihnen.

Kapitänleutnant Laurin forderte die E-Maschinen an,

und das Boot lief nahezu lautlos ins Landesinnere; die Bucht, einst Unterschlupf für Schmuggler und Seeräuber, war mehrmals gewunden. Die Wassertiefe nahm laufend ab.

»In wenigen Stunden setzt Ebbe ein«, sagte der Zivilist. »Dann müssen Sie zurück, sonst sitzen Sie auf.«

Als sich das Ende der Bucht ahnen ließ, befahl Laurin den Handscheinwerfer auf die Brücke und ließ die Bucht ausleuchten. Von dem Mann, auf den sie warteten und den sie abholen sollten, war nichts zu sehen.

»Er ist angeblich verwundet«, erklärte Laurin dem Lotsen. »Beinschuß. Deshalb kann er die Fähre nach Irland nicht nehmen.«

»Und hier ist er auch nicht«, bemerkte der Lotse.

»Vielleicht liegt es daran, daß wir zu spät sind«, äußerte der Kapitänleutnant. »Der Strom setzte einfach zu stark gegen uns.«

Als die Flut abzulaufen begann, mußte er sich zur Umkehr entschließen, um das Boot nicht zu riskieren. Alles sah wieder einmal nach einem dieser mißglückten Einsätze aus, für die U-Laurin bekannt war. Das Boot hatte bisher immer Pech gehabt. Ein Wunder, daß man Laurin diesen heiklen Auftrag überlassen hatte, einen Agenten abzuholen.

Mit langsamer Fahrt der E-Maschinen zog Laurin sein VII-C-Boot rückwärts aus der Bucht. Bald waren auch schon die Atembewegungen der See zu spüren. Das Boot bewegte sich in der Dünung erst auf und ab, dann begann es zu rollen. Laurin wendete es um etwa 90 Grad und lief mit Kurs 240 von der Küste ab Richtung Basis in Frankreich. Von vornherein hatte er geahnt, daß auch dieser Bewährungseinsatz schiefgehen würde. Obwohl er ein vorzügliches intaktes Boot hatte, eine erstklassige Besatzung und etwas von dem Geschäft verstand.

»Glück muß man eben auch haben«, sagte er zu dem Zivilisten.

Der hatte den Kragen seines dicken blauen Marinemantels hochgeschlagen, denn der Wind briste auf.

In Küstennähe wollte Kapitänleutnant Laurin den Erfolg dann noch einmal erzwingen und ließ mit dem Handscheinwerfer die See absuchen. Vielleicht war der Agent mit einem Dingi oder einem Kahn geflohen, in der Hoffnung, die Gezeiten würden ihn nach Frankreich bringen.

»Nix zu sehen«, bedauerte der Lotse.

Doch dann war doch etwas zu sehen. Nämlich die Laterne des Heringsfängers. Er zog sein Schleppnetz jetzt nicht mehr, sondern hatte gestoppt.

Der Grund dafür interessierte Laurin. Er näherte sich dem Heringsfänger, ließ seinen Scheinwerfer einschalten und sah, daß drüben an der Bordwand eine Art Rettungsboot vertäut war. Die Fischer waren gerade dabei, eine Trage aus dem Kahn herauszuholen und an Deck zu bringen.

Mit dem Megaphon rief Laurin sie an: »Ergeben Sie sich. Geben Sie den Verwundeten heraus, dann geschieht Ihnen nichts.«

Im Scheinwerferlicht sah er, wie zwei Männer des Fischerbootes ihre Maschinenpistolen durchluden und anlegten.

»Feuer!« befahl Laurin und machte Ernst.

Sein Brücken-MG ballerte los, die Leuchtspuren zischten über den Kutter hinweg. Die Engländer gaben den Widerstand sofort auf. Während der nächsten halben Stunde übernahm U-Laurin die Trage und beförderte den Schwerverletzten durch das Turmluk nach unten. Dann traten sie die Rückfahrt an. Überzeugt, daß die Fischer Hilfe herbeifunken würden, ließ Laurin tauchen und schnorchelte mit dem Strom Richtung französische Küste. Da er annahm, daß die Engländer den nächstliegenden U-Boot-Stützpunkt Cherbourg angreifen würden, wählte er Kurs Brest.

»Bringen Sie uns gut zurück«, sagte er zu seinem I WO und kümmerte sich um den Verletzten.

Der war von Schmerzen gepeinigt, nur kurze Augenblicke wach. »Mein Name ist Wieland«, stöhnte er, »ich arbeite für Canaris.«

An seinem Bein konnten sie mit Bordmitteln wenig machen. Es hatte schon den typischen Gestank, als sei die Wunde in Brand übergegangen. Später erwachte der Agent, und noch einmal verbiß er sich die offenbar höllischen Schmerzen. Er versuchte Laurins Hand zu fassen und sagte: »Meldung an Canaris: Treffen Schukow, Montgomery und Eisenhower wegen OVERLORD.«

»Was bedeutet OVERLORD?« fragte Laurin.

Wieland wußte es nicht und litt unter so fürchterlichen Schmerzen, daß er um Morphium bat. »Geben Sie mir dreißig Milligramm.«

»Das bringt Sie um, Mann!«

»Dann geben Sie mir vierzig«, bat Wieland.

Im Lagezimmer des deutschen Geheimdienstes hatten Admiral Canaris und seine engsten Mitarbeiter zu einem Lagegespräch Platz genommen.

Kapitän z. See Oster faßte zusammen: »Wer die drei Gentlemen sind, wissen wir ja. Aber was bedeutet OVERLORD?«

»Wenn die drei sich treffen, kann es sich nur um einen konzentrierten Angriff der Alliierten handeln, um eine Art Invasion.«

Mit großen Buchstaben schrieb Canaris das Wort OVERLORD auf einen weißen Zettel und sagte: »An alle Agenten im Westeinsatz: Was genau bedeutet OVERLORD? Wo und wann findet OVERLORD statt?«

Während an diesem Problem noch herumgerätselt wurde, brachte ein Offizier der Nachrichtenabteilung die letzten Meldungen.

Canaris überflog sie und reichte das Papier weiter an Oster. »Ein riesiger Geleitzug hat sich vor Neufundland versammelt. Etwa sechsunddreißig Schiffe, alle schwer beladen. Damit wissen wir ja ungefähr, was abgehen wird.«

»Die brauchen schätzungsweise drei Wochen bis England. Haben sich immer nach dem langsamsten Schiff zu richten.«

»Dann müssen sie entladen, die Soldaten und Waffen an ihre Ausgangspunkte gebracht werden. Das dauert noch einmal zwei Wochen.«

Schwer seufzend meinte Canaris: »Bleibt uns also eine Gnadenfrist von maximal zwei Monaten.«

2

Auf einem felsigen Kap an der Südküste von Neufundland hatte ein alter Fischer seine Hütte. Er nannte sich Jean Stoneman. Obwohl er eigentlich Johann Steinmann hieß und von Geburt Deutscher war. Er lebte nicht nur vom Fischfang, sondern auch von den Zuwendungen des deutschen Geheimdienstes, für den er tätig war.

Seine Invalidenrente bezog Stoneman über Kanada. In ihrer Angst vor Spionen und Agenten hatten die Amerikaner in Toronto natürlich nachgeforscht. Das Geld kam vom Roten Kreuz in Genf. Für diese Zuwendung war Stoneman äußerst dankbar. Die Zeit bei der deutschen Kaiserlichen Marine im Ersten Weltkrieg war sowieso die schönste seines Lebens gewesen. Bis auf diese eine Dummheit, die ihm passiert war. Als der Zerstörer, auf dem er damals fuhr, an der Kreideküste von Rügen vorbeischipperte, hatte er sich zu weit über die Reling gebeugt, und der Fahrtwind hatte ihm seine Matrosenmütze vom Kopf geblasen. Als Steinmann danach griff, fiel er über Bord, der Zerstörer stoppte, und sie holten ihn aus dem Bach. Durch die Berührung mit der Bordwand hatte er ein Bein gebrochen und humpelte noch immer. Das war fünfundzwanzig Jahre her. Doch den Tag vergaß er nie.

Während er so auf seinem Ausguck hockte und Pfeife rauchte, zog er in die Erde neben sich Striche. Bald hatte er vier Kreuze zusammen. Das bedeutete vierzig Schiffe.

Sie sammelten sich immer vor dem Kap in der riesigen Bucht, denn hier gab es stets Nebel, in dem sie sich verstecken konnten. Der Nebel entstand, weil in der Nähe der warme Golf- und der kalte Labradorstrom zusammenflossen.

Am späten Nachmittag kam vom Führungsschiff des Konvois ein Signal. Der Kommodore feuerte eine Kanone ab. Daraufhin setzte sich der Geleitzug Richtung Osten in Bewegung, und der alte Fischer verfolgte ihn mit dem Glas, bis der letzte Dampfer kohlequalmend am Horizont verschwand. Er wollte schon die Nachricht über den Vorgang an seine Relaisstation funken, doch am Morgen war die Bucht schon wieder besetzt. Von überallher kamen die Frachter. Viele brachten von Spitzbergen herunter Kohle für England. Sie zogen die Fahrt im Konvoi dem kürzeren Weg allein über den Atlantik vor.

Nun hißte Stoneman die Flagge. Die Flagge zu hissen bedeutete bei ihm nicht, die Fahne am Mast hochzuziehen, sondern statt der Fahne ein Stück Kupferdraht. Das war seine Antenne. Die stöpselte er mit Bananenstecker an der Haustür zusammen, und unter einem losen Brett im Fußboden holte er eine Zigarrenkiste heraus. Sie enthielt einen Sender, den Akku, den Morsetaster und einen Kopfhörer. Das Verbinden der Kabel hatte er oft genug geübt. Dann morste er an seine Relaisstation: Konvoi mit sechsunddreißig Dampfern und Konvoi mit zwanzig Dampfern mit südöstlichem Kurs unterwegs – vermutlich nach Schottland oder zu den Azoren. Dabei trank er eine Tasse frisch gebrühten Tee und tauchte in den Tee einen Zwieback, denn mit seinen Zähnen stand es nicht zum besten. Als er wieder hinausging, um die Antenne einzuholen, ankerte ein riesiges Schiff in der Bucht, ein weißer Passagierdampfer von mindestens 30 000 Tonnen, zweihundert Meter lang. An der Seite trug er ein großes rotes Kreuz, ein Lazarettschiff also. Doch die Silhouette kam dcm Fischer bekannt vor, der Name war übermalt. Also schaute er in seinem zerfledderten »Köhlers Flottenkalender« nach. Dort fand er Hinweise auf das Schiff. Es handelte sich um die 1935 für die New York-Asian-Linie erbaute *India Queen*. Sie hatte noch ein Schwesterschiff, die *Queen of Surabaya*.

Irgend etwas gefiel Stoneman an dem Schiff nicht. Im Glas erkannte er, daß es ziemlich tief lag – bis zur obersten Lademarkierung –, für ein Lazarettschiff kaum möglich. Es mußte also schwer beladen sein, vermutlich mit Sherman-Panzern, Kanonen oder Haubitzen, Halftracs und Munition. Klarer Fall, daß man den Schiffsraum nicht leer über den Nordatlantik schickte. Auf seinem Weg zum Ziel, das vermutlich der Kriegsschauplatz in Nordafrika war, konnte es in England die Ladung löschen. Es war inzwischen üblich, daß Schiffe, die nicht angegriffen werden durften, Waffen transportierten.

Die *India Queen* fuhr gegen Mittag ohne Schutz los. Laut Flottenkalender war sie zweiundzwanzig Knoten schnell, da konnte kaum ein U-Boot angreifen. Außerdem schützten sie das Rote Kreuz und die weiße Bemalung. Der alte Fischer funkte auch dies an seine Relaisstation, hörte im Kopfhörer die Bestätigung, zog die Antenne ein und hißte dafür die Flagge. Alles, was zum Sender gehörte, verstaute er wieder unter dem Fußboden seiner Hütte.

Zwei Abende später marschierte er ins Dorf und genehmigte sich einige Genever. Der Tageszeitung aus Toronto entnahm er eine Meldung der amerikanischen Nachrichtenagentur ABC. Danach war der zum Lazarettschiff erklärte Passagierdampfer *India Queen* unterwegs nach Algerien. Die Aliierten scheuten sich nicht, solche Falschmeldungen zu veröffentlichen in der Annahme, der Gegner habe den Kovoi ohnehin beobachtet.

Da der Akku seiner Funkanlage keinen Strom mehr lieferte, beschloß Stoneman, ihn nachzuladen. Dazu diente ihm ein großer Ventilator, der nicht von einem Elektromotor angetrieben wurde, sondern von einem Generator, sobald der Wind ihn bewegte. Stoneman stellte ihn an die östlichste Ecke seiner Hütte, und bald begann der ständige Nordost, den Ventilator zu drehen. Eine 12-Volt-Lampe glühte auf und zeigte an, daß Strom in den Akku floß, was das Gerät für die nächste Funkmeldung bereitmachte.

3

Im Lagezimmer des Befehlshabers der U-Boote standen die Offiziere bei Admiral Dönitz alle über eine große Karte gebeugt. Mit weiten Armbewegungen umriß der Admiral das Seegebiet westlich von Schottland bis hinunter zu den Azoren. Sein Daumen deutete auf einen Punkt, der bei 40 Grad Nord und 10 Grad West lag. »Hier muß der Konvoi vorbeikommen.« Befehle gingen hinaus, sämtliche im Atlantik befindlichen U-Boote in den entsprechenden Planquadraten zusammenzuziehen. Die Absicht des Oberkommandierenden war klar. Er erklärte sie trotzdem: »Wir werden hier alle Rudel bündeln. Die Kontakthalter suchen das Seegebiet im Umkreis von hundert Meilen ab. Wäre ja gelacht, wenn wir hier nicht ein Schlachtfest an Schiffsraum veranstalten könnten.«

Alle in Frage kommenden U-Boote wurden angefunkt und ihre Codezeichen in einer Liste erfaßt. Neuerdings trugen die U-Boote keine Ziffern mehr, sondern die Namen der Kommandanten.

Einer von den Stabskapitänen las die Liste durch und meinte: »Boot Laurin ist ja auch dabei.«

Und ein anderer bemerkte: »Von nix kommt nix. Jetzt, in diesem vierten Kriegsjahr, hat Laurin noch keine einzige Tonne versenkt. Das Boot ist gut, die Besatzung ist gut, der Kommandant kennt sich aus.«

»Glück muß man auch haben«, ergänzte Dönitz.

»Schon Napoleon forderte es von seinen Offizieren: ›Haben Sie gefälligst Glück, Messieurs.‹ Dieser Laurin ist eben ein Pechvogel.«

Aus dem Kopf zählte einer der Stabsoffiziere auf: »U-Laurin: einmal hatte es Dieselschaden, dann Funkschaden. Oder eine E-Maschine fing Feuer. Sie hatten undichte Rohrdurchlässe, die zu Wassereinbruch führten, Pumpen fielen aus, da waren Batteriedefekte. Es gibt nichts, was dieses angeblich intakte Boot noch nicht zum Umkehren gezwungen hat.«

Admiral Dönitz, der Kapitänleutnant Laurin eigentlich mochte, hatte ihm bisher viel nachgesehen. »Aber jetzt ist es genug«, erklärte er. »Wenn Laurin wieder keinen Erfolg hat, wird er abgelöst.«

Und ein Fregattenkapitän fügte hinzu: »Bei den Minensuchern und bei den Vorpostenflottillen herrscht auch großer Offiziersmangel.«

Ohne näher darauf einzugehen, entwarf Dönitz dann den Angriffsplan für seine U-Boote. Die sogenannten Wolfsrudel sollten möglichst von allen Seiten vorstoßen, weil sich bekanntermaßen bei Angriffen die Konvois auflösten und die Schiffe in alle Richtungen zu entkommen versuchten.

Im Lauf der nächsten Woche wurden dem BdU von den Fühlungshaltern die ersten Konvoispitzen gemeldet. Der große Konvoi lief wohlgeordnet auf Schottland zu.

Am Kartentisch stehend, berechnete Kapitänleutnant Laurin mit seinem Obersteuermann Leidig den Kurs und die Geschwindigkeit, die sie nehmen mußten, um mitten in den Konvoi zu gelangen. Der Obersteuermann blickte von seinem Notizzettel auf und meinte: »In sechs bis acht Stunden müßten wir da sein, Herr Kaleu.«

»Wenn wir AK laufen.«

Den letzten Satz schien der Leitende gehört zu haben.

Er trat zu den beiden in der Zentrale und protestierte: »Um Gottes willen, Chef, wir schaffen gerade noch große Fahrt.«

Laurin unterdrückte einen schweren Seufzer. »Was ist denn jetzt schon wieder kaputt?«

»Der Backborddiesel gefällt mir nicht. Und der an Steuerbord qualmt.«

Laurin ließ sich nicht anmerken, daß er nahe der Verzweiflung war, weil wieder ein Defekt aufkam. Er brummte nur: »Melden Sie es mir, LI, wenn Ihnen der Diesel wieder gefällt.«

Statt der erwarteten Meldung erhielt er eine neue Hiobsbotschaft. Der Backborddiesel war völlig ausgefallen, vermutlich lag es an der Einspritzpumpe. »Reparatur möglich, LI?«

»Wir müssen die Pumpe ausbauen. Zerlegen. Das ist Uhrmacherarbeit. Dauert mit Bordmitteln zehn bis zwölf Stunden.«

Da konnte sich jeder ausrechnen, daß sie den Kern des Konvois nicht mehr erreichen würden.

»Vielleicht schaffen wir noch einen oder zwei Nachzügler«, hoffte der Obersteuermann halblaut.

Laurin verschwand in seinem Schapp und versuchte wieder einmal, den üblichen Funkspruch zu formulieren. »U-Laurin wegen Dieselschadens nicht voll einsatzfähig.«

Dann ging er nach achtern und feuerte die Maschinisten bei der Reparatur der Einspritzpumpe an. Sie feilten an einer Ventilhebelschraube herum.

Ab und zu schaute der Obersteuermann vorbei und meldete den Stand der Ereignisse: »Detonationen in großen Entfernungen aus Nordwest. Dutzende. Das wird eine Nacht der langen Messer, Herr Kaleu.«

»Wieder mal ohne uns«, meinte der Kommandant und hängte einen Fluch an. »Entweder ist das ein Scheiß-U-Boot, oder wir können es nicht mehr.«

Stunden später lieferte der Obersteuermann die nächste Meldung: »Ich habe eine Funkkreuzpeilung vorliegen – Island und Portugal. Wir werden stark abgetrieben.«

»Wie stark?«

»Vier bis fünf Meilen in der Stunde.«

»Richtung?«

»Richtung südlicher Nordatlantik. US-Küste.«

»Da soll es um diese Jahreszeit ja schön warm sein«, meinte der Leitende und wischte sich mit Putzwolle den Schweiß vom Gesicht.

Die Reparatur dauerte länger als vorgesehen, weil ein Stempel in der Einspritzpumpe, der den fünften Zylinder bediente, gebrochen war. Geschweißt würde er nicht lange halten. Ein Ersatzteil gab es nicht. Also fertigten die Männer aus einem Stück Stahl einen passenden Stempel an. Doch die Aussicht, noch einen Happen von dem Konvoi zu erwischen, wurde immer geringer, und mit E-Motoren konnten sie nicht gegen Wind und Strom an, denn die Batterien waren nahezu leer.

Der Obersteuermann lieferte eine neue Hiobsbotschaft: »Ich konnte eine Nordsternbreite schießen, aber keine Länge. Stehen auf 30 Nord und werden wieder täglich etwa hundert Meilen abgetrieben.«

Wenig später kam der LI und erstattete Meldung: »Der zweite Diesel qualmt immer noch, wir müssen die Einspritzdüsen ausbauen.«

»Ersatzteile?«

»Nicht genug.«

»Überholung?«

»Möglich.«

Der Kommandant gab zu bedenken, daß sie ja ständig Strom brauchten für das Licht, den Kreiselkompaß, die Pumpen, die Kombüse, den Funk.

»Das Laden geht nur bei Dunkelheit«, äußerte der LI.

Sie warteten also wieder einmal die Finsternis ab und

begannen, die Batterien zu laden. Aus dem Radio kamen ständig Siegesmeldungen. Die Wolfsrudel hatten in einer Nacht mehr als zwanzig Handelsschiffe versenkt, nahezu 300 000 Tonnen Schiffsraum. Der Reichssender Berlin brachte es mit Fanfaren zu den Frontberichten.

»Und bei uns steht es plus minus null«, meinte der I WO beinahe vorwurfsvoll.

Später bat der Obersteuermann den Kommandanten an den Kartentisch. »Wir erreichen in diesen Tagen die Sargassosee.«

»Das auch noch«, sagte Laurin, »da können wir nur untendurch tauchen. Oben hinterlassen wir eine Spur im Tang, die jeder Aufklärer auf hundert Kilometer gleich erkennt.«

Als am nächsten Morgen die Sonne aufging, war um sie herum eine grüne, neblige Wiese. Sie hatten die Sargassosee mit ihrem teppichartigen Algenbewuchs erreicht. Und da die Algen blühten, sah es hier aus wie auf einer unregelmäßig gemähten Wiese mit einer freien Stelle hier und dort.

Laurin wagte langsame Fahrt mit der E-Maschine, um wieder herauszukommen. Bis der LI wieder leere Batterien meldete.

In der Nacht ließen sie die Sargassosee hinter sich, da fing der Funker eine Meldung auf. Er gab sie sofort an den Kommandanten durch: »Attentat auf Bose.«

»Auf Bose oder auf seine Familie?«

»Auf Bose. Er wurde leicht verletzt. Vermutlich waren es englandfreundliche Sikhs.«

Laurin verschwand im Funkraum, um über BBC London mehr von dem Überfall zu erfahren.

»Die sprechen nur Englisch, Herr Kaleu«, sagte der Funkmaat. »Haben Sie was dagegen, wenn ich Englisch kann?«

BBC ließ sich ausführlich über das Attentat aus. Revolverschüsse. Das Opfer war, wie Laurin befürchtet hatte, Subhas Chandra Bose. Er hatte sich auf einer Fahrt im offenen Wagen von Delhi in den Süden befunden. Aber Bose lebte.

»Gott sei Dank«, sagte Laurin erleichtert.

Der I WO hatte das gehört. »Und wer ist das, Herr Kaleu?«

»Der Gründer der indischen Unabhängigkeitsbewegung. Sein Motto: ›Schmeißt die Engländer raus.‹«

»Dann mögen ihn die Briten wohl nicht besonders?«

»Das kann man wohl behaupten. Und es ist nicht das erste Attentat.«

»Kennen Sie Bose, Herr Kaleu?«

»Die Familie«, sagte Laurin. »Und Sie?«

»Wann hat ein Bauernbub aus dem Innviertel schon Gelegenheit, prominenten Politikern zu begegnen?«

Laurin wollte noch eine kurze Erklärung abgeben, da schreckte ihn die Meldung des Horchers auf.

»Schraubengeräusche voraus. Abstand fünf Meilen.«

Der Horcher meldete Einzelheiten. »Drei Schrauben, vermutlich Vierblatt, Turbinenantrieb.«

»Müßte ein Kriegsschiff sein«, meinte der I WO.

Die Entfernung verringerte sich, und Laurin konnte durch das Sehrohr den Gittermast des Schiffes erkennen. »Schlachtschiff«, gab er durch. »Vier Dreiertürme, mindestens Kaliber vierzig.«

Der Kurs des Schiffes zielte in stumpfem Winkel auf das U-Boot zu.

»Der kommt mir grade recht«, brummte Laurin.

Als sich der Gegner genauer erkennen ließ, spezifizierten sie ihn im Handbuch. »Wisconsin-Klasse«, sagte der I WO. »Komisch, die wurden doch alle von den Japanern in Pearl Harbour zusammengebombt.«

Der LI ergänzte: »In vier Monaten machen auch die Amerikaner kein gesunkenes Schlachtschiff fahrbereit.«

»Dann muß es dem Schlamassel entkommen sein«, vermutete Laurin, »und ist durch den Panamakanal in den Atlantik gestoßen.«

Die allgemeine Frage lautete: Was treibt der Ami bei den Bermudainseln?

Laurin und der Obersteuermann beugten sich über die Karten. Laurin glaubte, eine Erklärung zu kennen: »Er läuft Kurs 260 Grad, also Richtung amerikanische Westküste.«

»Marinebasis Norfolk«, ergänzte der Obersteuermann. »Aber warum der Umweg?«

»Weil die amerikanische Ostküste ein Tummelplatz deutscher U-Boote ist«, meinte Laurin. »Denen will er nicht vor die Torpedos laufen.« Dafür läuft er vor meine Torpedos, dachte er insgeheim. »Bugraum Rohr eins bis vier laden mit LT 5.« Diesmal wollte und mußte er Glück haben.

Der Amerikaner behielt ahnungslos seinen Kurs bei. Dabei kam er jede Minute näher. Getaucht konnte Laurin abwarten, bis er Schußposition erreichte. Er ließ den Ami nicht aus dem Angriffsehrohr und wandte sich an seinen I WO: »Wann haben Sie Ihren Torpedo-Schießlehrgang gemacht?«

»Vor zwei Jahren, Herr Kaleu.«

»Mit welchem Ergebnis?«

»Ich kam einigermaßen so eben durch.«

Es kam selten vor, daß Laurin etwas Privates von sich gab, aber jetzt sagte er: »Ich war der dritte von dreißig Schülern, also stellen Sie sich hinten an.«

»Wenn Sie den Dobas treffen, Herr Kaleu ...«

Um seine Nervosität zu unterdrücken, antwortete Laurin: »Nach Marinedeutsch ist das kein Dobas, sondern ein Apparat. Alles, was sich selbst bewegt, sind Apparate. Was sich nicht selbst bewegen kann, ist ein Dobas. Aber das wäre ein Riesendobas.«

»Also ein Dobas-Ahoi«, meinte der I WO und ließ die Stoppuhren klarmachen.

Als das Schlachtschiff in das Schußkreuz einwanderte, gab Laurin den Befehl: »Fächer los. An Zentralemaat: sofort viertausend nachfluten.«

Es gab einen Ruck im Boot, dann waren die Aale ausgestoßen. Der Zentralemaat flutete zum Gewichtsausgleich sofort vier Kubik in die Trimmtanks. Dann warteten sie alle, auf die Stoppuhren starrend. Jeder hatte für sich die Laufzeit ausgerechnet.

Als es soweit war, bemerkte der II WO: »Vorbei.«

»Vermutlich Grundläufer«, ergänzte der Obersteuermann.

In diesem Augenblick folgte ein Geräusch, als würde das Boot zwischen den Backen eines Schraubstocks zerdrückt. Im Sehrohr sah Laurin auf etwa drei Meilen Entfernung ein amerikanisches Riesenfeuerwerk: Explosionen, Blitze, Qualm und Rauch, und zwischendurch stoben Schiffsteile gen Himmel.

Laurin ließ zur Bestätigung des Treffers die Offiziere durch das Sehrohr blicken und befahl dann: »Kurs 200 Grad. Schnorchel ausfahren. Backborddiesel zuschalten. Bei Eintritt der Dunkelheit auftauchen.«

Zwölf Stunden später, mit genügend Abstand vom Tatort, meldete Laurin die Versenkung an den BdU.

Der funkte zurück: »Gratuliere. Heimkehr.«

4

Von Paris aus war die Entfernung zum Ziel Mittelatlantik um hundertsechzig Kilometer länger, aber nur auf der befestigten Rollbahn des Flughafens Le Bourget konnte die vollbeladene FW 200 starten.

Der Fernaufklärer Typ Condor war heute besonders schwer. Die Tanks, bis obenhin randvoll, wurden ergänzt durch zwei Zusatzbehälter aus Gummi, welche den Radius des Fluges um achthundert Kilometer erweiterten. So sollte die FW 200 mit ihren viermal 1 000-PS-BMW-Motoren die vorgesehene Strecke schaffen.

Über Paris sank die Nacht herein. Bis sie am Ziel sein würden, ging dort die Sonne auf. Der erste Pilot zog die Condor auf Maximalhöhe achttausend Meter und ließ die Sauerstoffmasken aufsetzen. So hoch hinauf wagten sich die britischen Jäger selten, denn die Spitfires verfügten nicht über Druckkabinen.

Der erste Pilot, Oberst Schröder, hatte es sich nicht nehmen lassen, bei dem Spezialeinsatz dabeizusein, denn der Geschwaderkommodore war scharf auf das Ritterkreuz. Das fehlte ihm noch. Die Besatzung war auf fünf Mann reduziert – den ersten und zweiten Piloten, den Navigator, den Funker und den besten Bordschützen der Luftwaffe. Der arbeitete gleichzeitig als Mechaniker, denn das Umschalten der Tanks war eine Wissenschaft für sich.

Mit nahezu 500 km/h Geschwindigkeit raste der silbrige Fisch auf Lyon zu und weiter durch das Rhonetal nach Süden. In der Frühe warf die aufgehende Sonne ihr Licht auf die verschneiten Spitzen der Pyrenäen.

Als der Oberst auf 210 Grad ging, hörte er die quäkende Stimme des zweiten Piloten im Ohrhörer: »Das führt uns über neutrales Gebiet, Herr Oberst.«

»Die Alliierten überfliegen auch Spanien und Portugal und scheißen sich nix drum. Die Entfernung nach Marokko ist so kürzer, und wir werden am Ende jeden Liter Sprit nötig brauchen.«

In den Vormittagsstunden erreichten sie die Straße von Gibraltar und dann Marokko. Der Oberst, der so lange wie möglich über Land bleiben wollte, bog jetzt rechtwinklig ab nach Westen. Sie befanden sich, wie vor dem Start berechnet, auf Großkreiskurs, dem kürzesten Weg zu den Azoren. Auch wenn man einen Apfel ißt, ist die Schale oben am Stiel immer kürzer als in der Mitte. Gegen Mittag hatten sie die graublaue Weite des mittleren Nordatlantiks unter sich. Immer wieder gab der Funker die neuesten Meldungen nach vorn. Der Navigator nannte als kürzesten Kurs 274 Grad. Wenn sie nicht allzu große Abdrift hatten, mußten sie 38 Nord, 22 West in den Mittagsstunden erreichen.

Von seiner MG-Kanzel aus schaute sich der Bordschütze die Augen aus dem Hirn, meldete aber keinerlei Sichtung. Der Navigator peilte den Sender von Ponta Delgada an und brachte sein Flugzeug auf den Punkt genau ans Ziel.

Die FW 200 verließ ihre sichere Höhe, denn unten gab es ein paar Wolken. Sie umflogen die Inselgruppe bis Santa Cruz. Mehrmals deutete der Kopilot, Hauptmann Eckert, nach unten. In einigen Buchten hatten sich Gruppen von Dampfern versammelt, die Reste aus dem zusammengeschossenen Geleitzug.

Da die Condor kein Bomber war, sondern aus einem

Passagierflugzeug zum Fernaufklärer weiterentwickelt worden war, mußten sie auf einen Angriff verzichten. Über Code gab der Funker jedoch die Beobachtung der etwa zwei Dutzend Dampfer an die Einsatzleitung.

Immer wieder fragte der Geschwaderkommodore den Treibstoffstand ab. Er lag im normalen Rahmen. Wie es aussah, würden sie glatt die zweitausenddreihundert Kilometer nach Hause kommen. Sie verlängerten ihre Inselrunde bis zum Hafen der Hauptstadt.

Plötzlich fluchte der zweite Pilot. »Was 'n das?«

»Wo kommt der denn her?«

An der Pier im Hafen lag ein Passagierdampfer. Sie schätzten seine Länge auf zweihundert Meter. Er war weiß gestrichen, mit einem roten Kreuz an beiden Seiten, also ein Lazarettschiff.

»Achtundvierzig Stunden dürfen die hier in neutralem Gebiet liegenbleiben.«

»... falls sie keinen Defekt haben.«

Sie schossen mit der Spezialkamera eine Reihe von Aufnahmen, dann ging Schröder auf 88 Grad Heimatkurs.

Beim Überqueren von Horta bekamen sie plötzlich Flakfeuer. Die Geschosse kamen von den Frachtern, und einige trafen sogar den Rumpf. Der Mechaniker untersuchte sofort die Einschußstellen.

»Der große Zusatztank wurde getroffen, Herr Oberst.«

»Verlieren wir Benzin?«

»Nur geringfügig. Tropft ein wenig.«

»Diese Gummitanks«, sagte der erste Pilot zu seinem Zweiten Offizier, »bestehen aus drei Schichten und sind selbstschließend.«

»Hoffen wir es«, meinte der Hauptmann.

Auf dem Rückflug stellte sich über dem grauen Atlantik Müdigkeit ein. Die Männer tranken von dem starken Mokka, bis die Thermosflaschen leer waren. Doch das half wenig. Der zweite Pilot, der jetzt das Steuer übernommen hatte, klebte sich einen Streifen Pervitin auf den Handrücken und begann daran zu schlecken. Wenig später machte der Kommandant dasselbe. Es riß sie wieder in den Wachzustand zurück. Die Sonne kam jetzt von hinten, und der Navigator meldete alle zehn Minuten den Standort.

»Noch siebenhundert Kilometer bis zum Festland ... noch fünfhundert Kilometer bis Portugal ...«

»Was ist das für ein Gequäke?« fragte der Oberst genervt.

»Jagdfliegerfunk der Engländer.«

»Haben sie uns schon entdeckt?«

»Vermutlich, Herr Oberst«

Als sie bei Sonnenuntergang Spanien fast hinter sich hatten, begann ein Motor zu stottern. Da er unrund drehte, stellte ihn der Oberst ab, bevor es größeren Schaden gab. Das Gesicht seines zweiten Piloten wurde unter der Sauerstoffmaske etwas länger.

»Mit drei Motoren fliegt sie wie mit sechs«, bemerkte der Oberst.

Aber die drei Motoren, die sie noch hatten, waren durch die lange Flugzeit überlastet. Der zweite Motor vorne rechts zeigte erhöhte Temperaturen und mußte ebenfalls abgestellt werden. Die übriggebliebenen zwei Motoren bekamen Vollgas. Dadurch stieg der Spritverbrauch. Der Mechaniker meldete einen Reststand von sechshundert Litern. Alle wußten, das konnte knapp werden. Die Einschußlöcher in den Tanks tropften durch die Vibrationen stärker. Und dann kam auch noch diese Spitfire hinzu. Sie stieß von unten herauf und hämmerte mit ihren Maschinenkanonen dorthin, wo der linke Flügel aus der Zelle herauswuchs.

»Diese Hundesöhne kennen unsere Schwachstellen.«

Dem Bordschützen gelang es, die Spitfire fürs erste zu

verjagen, doch der Pilot flog nur einen weiten Kreis und kam von unten wieder. Mit Sorge sahen die Deutschen die Einschußlöcher an der Flügelwurzel. Wenn der Hauptträger mehrmals getroffen wurde, konnte der Flügel abbrechen.

Wieder schoß der Spitfire-Jäger mit allem, was er an Waffen dabeihatte. Doch plötzlich ließ er von dem silbernen Fisch ab. Zuerst dachte der Bordschütze, er hätte getroffen, aber dann sah er, daß der Engländer Reißaus nahm vor zwei Messerschmitt-Jägern. Die Me-109 vertrieben ihn nachdrücklich, und der Engländer kam nicht wieder. Der Oberst dankte grüßend. Aber der Treibstoffstand war jetzt so, daß die noch arbeitenden zwei Motoren höchstens noch eine halbe Stunde aushielten. Der große Fliegerhorst Marseille lag noch dreihundert Kilometer entfernt, und der Oberst war nicht sicher, ob er die Maschine heil herunterbringen konnte. Also befahl er dem Funker, dem Navigator und dem Bordschützen auszusteigen. Sie waren jetzt schon über Land, und die drei sprangen ab. Ihre Fallschirme blähten sich auf.

»Und Sie?« wandte sich der Oberst an den Hauptmann.

»Ich bleibe.«

»Dann befehle ich Ihnen abzuspringen! – Los!«

Da zog der Hauptmann den Beutel mit seinem Fallschirm nach vorn und bohrte den Zeigefinger durch zwei verkohlte Löcher. Die Spitfirekugel hatte den Sack getroffen, also war der Fallschirm unbrauchbar.

Endlich kam im Norden trotz des Dunstes die Hafenstadt Marseille in Sicht. Zwischendurch begann einer der Motoren schon zu stottern. Sie kreisten. Im letzten Augenblick erkannte der Oberst die Landebahn, ging tiefer, fuhr das Fahrwerk aus und setzte ziemlich hart auf. Mit einem einzigen laufenden Motor konnte er die Condor bis zu den Hallen ziehen, dann gab auch der seinen Geist mangels Benzin auf.

Mit den Nerven fertig, rissen sich die Piloten die ledernen Fliegerkappen vom Kopf und stiegen aus. Die Männer, die sie empfingen, strahlten und begrüßten sie mit Hurra. Trotz seiner Müdigkeit holte der Oberst noch die Kameras aus dem Rumpf und ließ sich dann zu einem wartenden Kleinflugzeug bringen. Und ungeachtet der Anstrengung und der hereinbrechenden Dunkelheit wollte er die Filme noch selbst zur Auswertung fliegen.

Der Hirth-Motor des Fieseler Storch sprang wie immer schlecht an. Bis die Mechaniker ihn am Laufen hatten, schlief Oberst Schröder hinter dem Steuerknüppel ein. Vom Brummen des Motors erwachte er wieder, gab Gas, und schon nach wenigen Metern konnte er den Kurzstarter hochziehen. Schröder flog um Marseille herum und dann immer an der Rhone entlang nach Norden. Der Fluß schimmerte im Restlicht des Sternenhimmels, aber sonst lag er wie tot da. Kein Schiff, kein Prahm, nichts. Keine Fähre. Auch die Städte beiderseits des Ufers waren verdunkelt.

Nach neunzig Minuten, während er immer stärker gegen den Schlaf kämpfte, funkte der Oberst den Flughafen Lyon an: »Storch an Luftbildstelle. Erbitte Peilton.« Dann folgte er dem Ton je nach Lautstärke, bis er glaubte, ganz nah am Platz zu sein, und forderte Landebahnbefeuerung an. »Für zwanzig Sekunden«, bat er.

Sie schalteten ein, und er setzte im Dunkel der Straße zwischen den Scheinwerferreihen auf. Schließlich rollte er noch bis zu den Hangars.

Die Experten der Luftbildstelle übernahmen die Photokassetten und machten sich an die Entwicklung und Vergrößerung.

»Geben Sie mir Bescheid, wenn was Besonderes vorliegt«, bat der Oberst und zog sich ins Offizierskasino zurück.

Es war nach Mitternacht, bis sie den Film fertig hatten. Dann wollte der diensthabende Offizier der Luftbildstelle den Oberst holen, aber der lag da, die Beine gespreizt, die Arme hingen über die Sesselbacken, und er schlief. Nach zwanzigstündigem Dauereinsatz stand ihm das zu.

5

Im Lageraum des Marineoberkommandos standen die Fachleute über den Kartentisch gebeugt. An der Stirnseite des Raumes, auf der Leinwand, flimmerte das Bild des Hafens von Ponta Delgada. Noch immer lag das weiße Lazarettschiff an der Pier.

»Sie hat geankert.«

»Dann bleibt sie also noch länger.«

»Daß sie das eigentlich nur zweiundsiebzig Stunden lang darf, kümmert die Alliierten wenig.«

»Können Sie Abfall erkennen?« fragte der Befehlshaber der U-Boote. Doch rings um das Schiff, die weiße *India Queen,* war das Wasser sauber.

Einer der anwesenden Kapitäne meinte: »Auf Passagierdampfern wird eigentlich alles außenbords gekippt.«

»Falls nicht, liegt ein strikter Befehl vor.«

»Das bedeutet, daß man aus dem Abfall keine Schlüsse über die Liegedauer und eine Abfahrt ziehen können soll.«

Der BdU mit seinen Habichtaugen war der Meinung, daß das Schiff außergewöhnlich tief liege.

»Es hat also schwer geladen.«

Mit der Lupe untersuchten sie das Bild des Oberdecks und stellten fest, daß die Ladeluken um mehrere Meter vergrößert worden waren.

»Normalerweise nimmt so ein schneller Indienfahrer nur Stückgut mit.«

»Da geht kein Panzer durch die Luke.«

Alle waren ziemlich sicher, daß die als Lazarettschiff getarnte *India Queen* schweres Kriegsmaterial an Bord hatte.

»Das möchte ich genau wissen«, forderte der BdU und trat an die Positionskarte seiner U-Boote.

Im freien Seegebiet rings um die Azoren lagen einige Boote getaucht wie schwarze Schatten, um zuzuschlagen, wenn die geflohenen Konvoifrachter ausliefen, und die wiederum warteten auf schlechtes Wetter. Südlich der Hauptinsel steckte noch ein Fähnchen in der Karte.

»U-Laurin«, sagte einer der Stabsoffiziere. »Er hat noch genügend Treibstoff und Torpedos an Bord.«

»Dann soll er hin und nachsehen«, entschied Dönitz und formulierte die Geheime Kommandosache, den sogenannten Gekados-Funkspruch, für das Boot.

»Lauft Azoren an, Haupthafen Delgada. Ist Passagierdampfer *India Queen* dort? Wenn ja, warum? Was hat sie geladen? Erbitte dringend Überprüfung. Befördere Sie hiermit zum Korvettenkapitän. Oberkommando verleiht Ritterkreuz. Gratuliere. Alles Gute. D.«

Einer der Strategen zirkelte schon die Distanz ab. »U-Laurin kann in drei Tagen auf 16 West 35 Nord stehen.«

»Und dann nichts wie Tarnkappe«, forderte der BdU.

In der Hoffnung, daß U-Laurin endlich eine Glückssträhne haben würde, widmete er sich einem anderen Thema.

Nachdem der Erste Offizier den geheimen Funkspruch entschlüsselt hatte, las ihn Laurin in Ruhe durch und besprach die Kompaßkurse mit Obersteuermann Leidig.

»Ab Hoheitszone schnorcheln.« Dann legte er sich in sein Schapp auf die Koje. Zu dem I WO sagte er noch: »Der höchste Berg der Azoren ist der Alto de Pico. Höher als zweitausend Meter. Sobald der am Horizont auftaucht, wahrschauen Sie mich.«

Er versuchte zu schlafen. Die *India Queen* war also ein Lazarettschiff. Er kannte noch eine *India Queen*, aber die war sein Traumschiff.

Vor zehn Jahren war das gewesen. Kurz vor seinem Abitur. Da hatte er an einem Freizeitlager der Hitlerjugend teilgenommen. Es lag bei Binz am Ostseestrand. Wenn er daran dachte, sah er kilometerweiten weißen Sand, weiße, runde Zwölfmannzelte und eine weiße Fahnenstange. Das Ganze hatte zwei Abteilungen – die für Herren und die für Damen. Die gehörten zum BDM, dem Bund Deutscher Mädel. Das Leben war lustig, unbeschwert, aber etwas langweilig gewesen. Morgens Flaggenparade, dann Frühstück, Singen, ein paar Geländeübungen, abends ein Film im Freilichtkino: ›Fridericus Rex‹.

Oben, vor ihrem Zelt auf der Düne, saß die Lagerschönheit. Ein dunkellockiges Mädchen mit einer Haut, braun wie Milchkaffee. Aber nicht weil sie ständig in der Sonne badete, sondern die Bräune war von Natur aus so. Ihr Vater war Inder, ihre Mutter Polynesierin. Ihr Vater war angeblich als Attaché mit Chandra Bose nach Berlin gekommen, denn Bose war nicht nur ein Gegner der Engländer und Nationalsozialist, sondern auch ein Anhänger Hitlers. Der hatte ihm Waffen und Soldaten für seinen Freiheitskampf versprochen, und auf die wartete Bose nun schon seit Monaten.

Die morgendliche Flottenparade mit den immer gleichen Liedern und der gleichen Ansprache war Laurin auf die Nerven gefallen. Eines Nachts schlich er sich aus dem Zelt und knüpfte an die Leine alles mögliche klappernde Zeug: leere Konservenbüchsen, Marmeladekübel, Wurstdosen, Heringsdosen. Als der Lagerleiter das am Morgen feststellte, gab es das übliche Donnerwetter, und alle Anwesenden mußten sich in einer lange Reihe aufstellen.

»Ich schaue jedem in die Augen«, sagte der Stammführer, »dann weiß ich, ob er es gewesen ist.«

Dem wollte Laurin entgehen und schlich sich aus der hinteren Reihe fort, kletterte über den Zaun und verschwand in einem Damenzelt. Die Mädchen wußten alle schon, um was es ging. Am Eingang saß die indische Schönheit.

»Mein Name ist Gustav Laurin«, stellte er sich vor.

»Und ich heiße Mirhana.«

Sie hatte ein Schönheitsmerkmal mitten auf der Stirn. Er machte seinen Finger feucht und wischte über den Punkt. Er blieb haften, wo er hingehörte.

»Also echt«, sagte Laurin. »Sieht aus wie Schokolade und schmeckt nach nix.«

Lustlos kaute die Inderin an ihrem Marmeladebrot herum. »Wenn ich etwas nicht mag, dann ist es Marmelade auf Brot ohne Butter dazwischen. Das Brot saugt sich voll. So was geben wir zu Hause den Hunden.«

»Klar«, sagte Laurin, »Indien ist ja ein reiches Land.«

»Bei uns weiden sogar die Kühe auf der Straße.« Sie wechselte das Thema. »Wie kommst du zu dem Namen Laurin?«

»Mein Großvater war Italiener, so ein wandernder Dorfmusiker. Von ihm lernte mein Vater Geige spielen und studierte dann in Verona. Er arbeitete als Erster Geiger und Konzertmeister bei den Berliner Philharmonikern unter Furtwängler und ging in dessen Dirigentenklasse. Inzwischen leitet er in Salzburg die Aufführung von ›Così fan tutte‹. Er soll sogar nach Bayreuth kommen, nach dem Krieg, und ›Die Meistersinger‹ dirigieren. Gehen wir heute abend am Strand spazieren?« fragte er freiweg.

Sie kniff die Knie zusammen. Dann gab sie ihm einen Schubs, und er rollte aus dem Zelt die Sanddüne hinunter, wo er wie tot liegenblieb. Sie ging ihm nach, sah, wie er blinzelte, und verabreichte ihm eine Ohrfeige. Darüber erschrak sie offenbar selbst und küßte ihn.

An seinem Ohr flüsterte sie: »Wenn du nach Berlin kommst, besuchst du mich? Eine Villa im Diplomatenviertel in Dahlem.« Sie nannte ihm auch eine Telefonnummer.

Laurin war ziemlich schlecht, was das Merken von Zahlen anbetraf, aber diese Nummer würde er wohl nie vergessen.

Noch vor Ende der Ferienfreizeit wurde sie von ihren Eltern abgeholt. Im großen, schwarzen, offenen Mercedes. Sie machte ihn mit ihrem Vater bekannt.

Der reichte ihm etwas schlaff die Hand und meinte: »Machen Sie's gut, junger Mann.«

U-Laurin hatte sich in Schnorchelfahrt durch das portugiesische Seegebiet gemogelt, wartete die Dunkelheit ab und zog in Rückwärtsfahrt mit langsam drehender Backbord-E-Maschine in den Hafen. Laut Karte war dieser nicht groß genug, daß man in einem Zug drehen konnte. Die Männer, die Laurin für das Kommando eingeteilt hatte, standen bereit. Sie trugen dunkelblaues Bordzeug ohne Abzeichen. Der I WO hatte sie ausgesucht. Sportliche, kräftige Typen.

Laurin vergatterte sie noch einmal. »Wir gehen an Bord von dem Dampfer und durchsuchen ihn. Die Decks, den Maschinenraum, die Laderäume. Jede Begegnung mit der Besatzung ist zu vermeiden. Wir treffen uns wieder an Bord um spätestens vierundzwanzig Uhr und jetzt Uhrenvergleich.«

Die hohen Bordwände der Tanker waren schwarz oder rostbraun. Das Durchkommen zwischen ihnen wurde immer schmaler. Laurin merkte, wie dem LI langsam die Hosen flatterten.

»Backbord-E-Maschinen stop … Steuerbord-E-Maschine fünfzig Umdrehungen.«

Lautlos und langsam glitt das Boot weiter. Um den LI abzulenken, fragte Laurin: »Sind Sie Lateiner?«

»Aus Passau, Herr Kaleu.«

Da zitierte Laurin einen alten Lateiner-Kalauer: »Cum Cäsar vidisset portus plenus esset iuxta navigavit – als Cäsar sah, daß der Hafen voll war, schiffte er daneben.«

»Und wir schiffen mittenrein, Herr Kaleu«, sagte der LI. »Bei uns sprach man Cäsar mit K aus. In Norddeutschland ist das so üblich.«

Laurin reagierte mit dem alten Pennäler-Spruch: »Der Käsar und der Kikero, die gingen ins Konkil, der Käsar im Kylinderhut, der Kikero in Kivil.«

Daraufhin meinte der LI: »Sie können mich alles fragen von der Entropie des Dampfes bis zum Leistungskoeffizienten von Großdieseln. Doch über Käsar weiß ich einfach zuwenig.«

Lautlos hatten sie den letzten Tanker passiert, und vor ihnen lag nun das weiße Traumschiff, die jetzt schwedische *India Queen,* mit nach Messing glänzender Schraube. Das Sechs-Mann-Kommando ging los. Ein Mann über die Jakobsleiter, zwei warfen einen Draggen und zogen sich an dessen Leine ans Oberdeck. Die anderen kamen von der Landseite. Waffen hatten sie zwar alle dabei, aber Laurin hatte dic Benutzung strengstens untersagt, es sei denn in äußerster Notlage.

Alle trafen sich auf dem Vorschiff, und bis zu dieser Minute war alles glatt verlaufen. Wortlos, nur mit Handbewegungen, verteilte Laurin die Männer. Er selbst wollte sich mit dem I WO um die Räume im Oberdeck kümmern. Sie waren zum großen Teil mit Lazarettbetten ausgestattet. Es gab aber auch noch Salons im alten Luxusstil – mit Teppichen, Kronleuchtern, Samtsesseln. Die Deutschen schlichen von außen an eines der großen Fenster heran und waren mehr als verblüfft. In tiefen, roten Clubsesseln um einen roten Mahagonitisch herum saßen drei hohe Offiziere. Der eine trank Tee, der andere Bier aus der Flasche, der dritte französischen Cognac.

Laurin schüttelte den Kopf und deutete gegen die Stirn. Es war nicht zu fassen: Diese drei Männer kannte fast jeder auf der Welt: den Russen Marschall Schukow, den Amerikaner General Eisenhower und den Engländer Marschall Montgomery. Sie unterhielten sich ziemlich laut und rauchten. Zu verstehen war nichts, denn unter Deck ratterte ein Dieselaggregat für den Schiffsstrom, und die Fenster waren dreifach verglast.

Der I WO fingerte eine Kamera aus seiner Hosentasche. Er hatte den lichtempfindlichsten Film eingelegt, den es gab, den Agfa 100. Damit schoß er eine Reihe von Aufnahmen, bis Laurin ihn am Arm packte und weiterzog. Gegen 23.30 Uhr trafen sie sich mit den sich lautlos und schattengleich bewegenden anderen Männern des Kommandos.

Laurin packte den Maschinisten am Ärmel. »Seid ihr auch keiner Seele begegnet?«

»Die sitzen alle im großen Speisesaal und schauen sich einen Film mit Betty Grable an. Den läßt sich keiner entgehen.«

Da die Auskünfte über den Laderaum im Bug ungenau waren, beschloß Laurin, selbst noch einmal nachzusehen. Er schickte den Maschinisten zurück auf das Boot. »Bestellen Sie dem I WO, unsere Rückkehr kann sich um eine halbe Stunde verzögern, er soll warten.«

Dann folgte er dem fünften Mann des Kommandos, dem LI, hinunter in den vorderen Laderaum. Im geisterhaften Licht ihrer Handlampen sah er die aufgereihten Sherman-Panzer, und gab bald auf, sie zu zählen. Sie standen, immer vier Panzer nebeneinander, in mindestens zehn Reihen, aber weiter hinten fiel ihm etwas auf. Einer der Panzer war mit einer Plane abgedeckt. Warum nur der eine? Handelte es sich vielleicht um ein neues Modell? Er kletterte über die Fahrzeuge hinweg und lüftete mit Hilfe des LI die Plane. Darunter war kein Panzer, sondern hier standen hoch aufgeschichtete, gelb bemalte Blechfässer, die alle eine grob hingepinselte Bezeichnung trugen: den Buchstaben M und danach U-238.

Laurin versuchte, aus der Bemalung etwas herauszulesen, aber die Bezeichnung U-238 verstand er insofern nicht, als die deutschen Boote keine Nummern mehr trugen, sondern nach den Namen der Kommandanten registriert waren.

Auch der LI fand keine Erklärung. »Mindestens vierzig Fässer, Herr Kapitän«, sagte er.

Sie deckten die Fässer wieder ab und machten, daß sie ans Oberdeck kamen. Aus dem großen Speisesaal dröhnten Gelächter und der Song, den Betty Grable gerade von sich gab.

Laurin schoß noch zwei Photos.

Oben an Deck warteten die übrigen drei Mann. »Das Boot ist weg«, meldete der Funker.

Die Stelle, wo an der Bordwand am Ende der Jakobsleiter U-Laurin gelegen hatte, war leer, denn im Hafenbekken kurvte ein beleuchtetes Wachboot herum. Der I WO hatte es offenbar kommen sehen und sich verdrückt.

Doch nach etwa einer Viertelstunde schien das portugiesische Wachboot seine Suche wieder aufzugeben und verschwand. Wenig später begann neben der Bordwand der *India Queen* das Wasser zu schäumen und kochend zu sprudeln. Der schwarze Wal U-Laurin tauchte auf. Da höchste Beeilung am Platze war, kletterten Laurin und der I WO sofort hinunter, während die übrigen drei Mann einfach über die Reling ins Wasser hechteten und vom Boot aufgefischt wurden.

Kaum war das Spezialkommando an Bord des U-Bootes, tauchte auch der Küstenwächter wieder auf und suchte mit seinem Scheinwerfer den Hafen ab, Kais, Piers und

Schuppen. Wahrscheinlich hatte er das wartende U-Laurin entdeckt. Der Kommandant fuhr es noch nach draußen vor der Mole.

Der Horcher meldete, daß ihnen ein Schraubengeräusch folgte.

Auf Sehrohrtiefe wendete Laurin sein Boot, fuhr um das Cap São Miguel herum in Richtung der nördlichen Inseln. Dort wollte er ein Versteckspiel mit dem Küstenwächter veranstalten, um bei Santa Cruz das offene Meer zu gewinnen. Tatsächlich folgte ihm der Küstenwächter.

»Und er gibt eine Funkmeldung ab«, wurde Laurin gemeldet.

»Na, fabelhaft. Hecktorpedorohr mit Bold laden.«

Jeder an Bord wußte, was das bedeutete.

»Bold welche Nummer?« kam's von achtern.

»Römisch drei«, befahl Laurin.

In Bold Nummer III befanden sich schwimmende Wrackteile eines U-Bootes und einige hundert Liter Öl. Wenn der Bold nach oben ging und aufsprang, verteilten sich die U-Boot-Trümmer und auch das Öl, woraus die Verfolger schließen mußten, daß sie das Boot getroffen hatten.

Laurin ließ den Bold noch nicht abfeuern, sondern wartete. Er verringerte die Fahrtstufe auf 160 Umdrehungen. Als der Küstenschiffer näher kam, begann er, Wasserbomben zu werfen.

»Bold los!« befahl Laurin. »Kurs 65 Grad. Beide E-Maschinen voraus.«

Die mit der U-Boot-Jagd unerfahrenen Portugiesen hielten die Boldtrümmer tatsächlich für das gesuchte U-Boot und gaben die Verfolgung auf.

Eine Stunde später erreichte Laurin die freie, offene See. Er besprach sich mit seinem Navigator.

»Kurs Äußere Hebriden, Obersteuermann, dann Backbordschwenk marsch in die Irische See.«

»Dort gehen wir in die Falle«, befürchtete der I WO.

Laurin stimmte ihm kopfschüttelnd zu und meinte: »Wo ein Weg in eine Falle ist, gibt's auch einen Weg wieder heraus.«

Das Wetter wurde stürmisch, was ihren Wünschen entgegenkam. Wenn sie Glück hatten, konnten sie die zweitausend Seemeilen bis Lorient problemlos hinter sich bringen.

6

Max wartete in seinem Plymouth-Cabrio jetzt den dritten Tag. Eigentlich war er vom Amt Canaris als Agent schon pensioniert, er konnte sich auch in England nicht mehr blicken lassen. Aber diese Sache hatte er noch übernommen.

Der Mann, den er schnappen sollte, hieß Timothy, ein junger, blonder, britischer Sportsmann, der für den Londoner MI 6 tätig war und auf den schönsten Golfplätzen von Irland spielte.

An der Ausfahrt zum Golfclub Stoneheaven kam Tim dann endlich mit seinem irisch-grünen MG-Sportwagen vorbei. Sofort wendete Max und folgte ihm, aber auf der Straße am Meer entlang nach Aberdeen ließ er ihm noch genügend Vorsprung. Nur außerhalb der Stadt, auf der langen Geraden nach Peterhead, schloß er auf. Er wußte, wohin Timothy wollte: in sein Hotel in der Provinz Ulster. Das britische Ulster fühlte sich jetzt fast zu Irland gehörig, seitdem die Republik ihre Neutralität aufgegeben hatte, und an der Grenze zur Provinz Ulster gab es nur noch sehr lässige Kontrollen. Aber auf der langen Geraden prüfte die Polizei die Geschwindigkeit. Deshalb stoppten sie auch Timothys MG wenige Kilometer vor dem Schlagbaum. Und Timothy, der sich als britischer Agent wie ein König fühlte, hatte natürlich keinerlei Papiere bei sich.

Man wollte ihn gerade festnehmen, da hielt Max hinter dem grünen MG, stieg aus und sprach den Grenzoffizier an. Er sagte, er sei in einem Geheimauftrag unterwegs, folge dem Engländer und verbürge sich für ihn.

Daraufhin kam Timothy frei und schlenderte lässig, die Zigarette im Mund, in seinen Golfklamotten mit dem braun-weißen Schuhzeug zu Max. Man kannte sich. Die berühmten Männer aus dem Dunkel des Untergrunds kannten sich meistens.

»Das verdanke ich dir, Max«, fluchte Tim. »Schätze, ich bin dir jetzt einen Dienst schuldig.«

»Dann steig ein, Timothy.«

Der Engländer konnte gar nicht anders, denn sein Wagen war kurzfristig beschlagnahmt. Max fuhr mit ihm wieder Richtung Aberdeen, und sie gingen zusammen in die Half Moor Bar auf einen Morgenwhisky.

»Warum bringst du mich nicht nach Ulster?« fragte Timothy. »Die Behörden tun mir nichts.«

»Die Behörden nicht«, erwiderte Max, »aber die IRA. Schon mal von der Irisch-Republikanischen Armee gehört? Wenn die einen britischen Spion aufspüren, stellen sie ihn an die Wand, Kopfschuß und aus.«

»Du wirst mich denen ja wohl nicht verkaufen«, bemerkte Timothy, süffisant grinsend.

»Nicht wenn du mir einiges verkaufst.«

Seufzend leerte der Engländer sein Glas, setzte es hart auf und fragte: »Was willst du wissen?«

Max hatte sich seine Fragen gut zurechtgelegt. Er schoß die erste ab: »Was bedeutet OVERLORD?«

Timothy schluckte. Damit gab er bereits zur Hälfte ein Geheimnis preis. Klar, der Rest würde auch noch folgen. »OVERLORD ist der Deckname für das Unternehmen Invasion, Angriff der Alliierten hinüber über den Englischen Kanal auf das französische Festland.«

Schon stellte Max die nächste Frage: »Wann?«

»Wenn das Wetter drei Tage lang paßt.«

»Was hat das amerikanische Schlachtschiff bei den Bermudas zu suchen?«

Ganz sicher war Timothy nicht, aber er sagte: »Ich glaube, es sollte auf den Bermudas Öl aufnehmen und dann General Eisenhower nach London bringen. Er fliegt ungern.«

»In London ist eine Konferenz«, mutmaßte Max.

»Mit den anderen zwei Oberbefehlshabern. Mit Marschall Schukow und Montgomery«, ergänzte Timothy.

Nun wunderte sich Max doch etwas. »Was hat Schukow damit zu tun?«

»Soviel ich weiß, bereitet er mit der Roten Armee den Angriff auf Berlin vor, sobald unsere Truppen auf dem Festland Fuß gefaßt haben.«

»Wo und wann treffen sich die drei?« schoß Max die nächste Frage los. Timothy hob die kantigen Schultern. Das mußte er erst in London herauskriegen. »Da gibt es jeden Tag eine andere Vermutung.«

»Irreführung, meinst du. Eisenhower soll zur Zeit seine Landungstruppen in Algerien besichtigen.«

»Es wird zuviel geredet.«

»Darüber gibt es Wochenschauberichte von Century Fox.« Max machte die Augen schmal und meinte: »Versuch nicht, mich zu belatschern, Timothy. Ein Anruf von mir und du bist ein toter Golfspieler.«

Timothy bestellte den zweiten Whisky und meinte: »Es ist doch immer ein Geben und Nehmen, Max.«

»Einverstanden, Timothy. Dann werd endlich konkret und gib Gas.«

Timothy versprach es mit Schwurhand. »Aber erst muß ich nach London. Das kann eine Woche dauern.«

Nun hatte er seinerseits eine Frage. »Was ist mit der Lieferung aus Südamerika? Die ist doch das Geheimste vom Geheimen.«

Hier konnte ihm Max nicht mit einer Auskunft dienen,

aber er versprach, sich ebenfalls zu informieren. In genau sechs Tagen wollte er Timothy wieder im Golfclub von Stoneheaven erwarten.

Max bezahlte die Rechnung.

Der Engländer tupfte sich die Stirn. Er hatte mächtig zu schwitzen begonnen. Bevor sie hinausgingen, stellte er eine ganz unerwartete Frage: »Habt ihr die Atombombe?«

»Das werdet ihr bei der Invasion schon merken.«

»Ihr baut also daran.«

»Man bastelt immer an etwas herum«, wich Max aus.

Sie verließen die Bar getrennt. Max fuhr nach Hause, und Timothy mußte selbst sehen, wie er zu seiner Dienststelle nach London kam.

7

Die Flattery Bay lag auf etwa 7° W, 58° N. Die weiträumige Bucht öffnete sich an der Südspitze Irlands zum Meer hin. Normalerweise wurde sie nur von der Familie Frederik befischt, ihr gehörte das alleinige Fischrecht seit Hunderten von Jahren.

In den Morgenstunden näherte sich der weiß-grüne Fischkutter FR-III der Mündung des Flusses, der sich vom Land her ins Meer ergoß. Der Fischer Frederik, der hier jeden Meter Wasserfläche kannte, fuhr die Flußmündung bis zur ersten Biegung hinauf und warf dort Anker.

Sein Bootsmann Hennassy wunderte sich: »Warum ankerst du? In drei Stunden ist Niedrigwasser, dann sitzen wir auf.«

»Und in neun Stunden ist wieder Hochwasser, dann schwimmen wir wieder«, antwortete der Fischer unwillig.

»Wann kommt denn der Kunde?«

»Heute, morgen oder übermorgen«, sagte der Fischer. »Er wird pünktlich sein.«

»Dann sind es Deutsche«, vermutete sein Bootsmann.

»Im Krieg verschiebt sich alles«, fürchtete der Fischer.

»Aber eher mehr nach hinten«, brummelte Hennassy.

Sie hockten mehrere Stunden da, nahmen ihr mitgebrachtes Stew zu sich und rauchten ihre Pfeifen, bis Frederik sagte: »Jetzt kommen sie nicht mehr. Die Flut wird zu knapp.«

Das Wasser war so weit abgelaufen, daß am Ufer bereits die Schlickbank sichtbar wurde und der Kutter deutlich rumpelnd auf dem Grund aufsaß. Ohne eine lange Erklärung abzugeben, holte der Fischer das kleine Ruderboot bei und pullte hinüber, dorthin, wo der Wald anfing. Er machte das Boot fest, arbeitete sich durch das Haselgestrüpp, bis auf der anderen Seite des Waldes die Sicht wieder aufs Meer frei wurde. Was er dort sah, gefiel ihm wenig.

Mit hoher Geschwindigkeit näherte sich aus Südosten, also von England her, ein schwerer Hochseeschlepper. Daß er hohe Fahrt lief, erkannte man an der weißschäumenden Bugwelle, und er hatte die britische Kriegsflagge gehißt. Kaum war er um das Vorgebirge in die Bucht hineingesteuert worden, lief der Fischer zu seinem Kutter zurück. Und was er dort in der Flußmündung sah, gefiel ihm ebenfalls nicht.

Der Schlepper war rückwärts den Fluß hinaufgelaufen, die Schlepperleute in ihren dunklen Overalls waren an Bord seines Kutters gesprungen und holten eine schwere, stählerne Schlepptrosse über, die machten sie am achteren Poller fest und gaben dem Schlepperkapitän Handzeichen, er solle anziehen. In diesem Augenblick riß sich Frederiks Bootsmann von den Männern los, die ihn festhielten, und stürzte sich auf den Mann am Schleppseil. Doch der riß kurzerhand seine Pistole aus dem Gürtel und schoß zweimal. Er traf Hennassy in die Brust, und noch bevor der Ire zusammenbrach und das Deck vollblutete, warfen sie ihn über Bord. Dann zog der starke Schlepper mit seinen mindestens 5 000 PS an der Trosse, riß den Kutter vom Mudd, zog ihn hinaus und quer durch die Bucht aufs offene Meer.

Kaum waren sie außer Sicht, ruderte der Fischer zu dem leblos treibenden Körper und versuchte, ihn in den Kahn zu ziehen. Erst dann sah er, daß der Bootsmann bereits tot war, denn er atmete nicht mehr.

Zum Teufel, dachte der Fischer, was waren das für Halunken? Er hatte ihre Sprache nicht verstanden. Sie hatten miteinander geredet, aber es war weder Englisch noch Schottisch, noch Walisisch gewesen. Und auch nicht Französisch, denn das kannte er von seiner Mutter her.

Frederik saß in seinem Beiboot, ihm war zum Heulen zumute. Sein Bootsmann tot, die Ladung fort, der Kutter weg. So konnte sich das Leben innerhalb von Minuten ändern.

Der irische Fischkutter FR-III wurde Tage später treibend bei der Insel Skye der Inneren Hebriden gesichtet. Das britische Küstenschutzboot setzte ein Kommando auf den Kutter, das ihn an Land zum Hafen von Dumfries bringen sollte. An Bord des Kutters fanden diese noch Spuren der Täter. Eine halbleere Konservendose, gefüllt mit Mischgemüse und Fleisch, dazu mehrere Zigarettenstummel. Die Zigarettenstummel hatten angeknickte Papierfilter, wie sie nur in Rußland hergestellt werden konnten, und dazu den Aufdruck *Mahorka*.

8

Am Berliner Anhalter Bahnhof verließ der zum Korvettenkapitän beförderte Laurin den Nachtschnellzug, der ihn von Südfrankreich in die Reichshauptstadt gebracht hatte. Auf dem Bahnsteig empfing ihn ein gemütlich wirkender, älterer Admiral, der ganz im Gegensatz zu seinem Aussehen eine schnorrige Feldwebelstimme hatte.

Nachdem der Ankömmling salutiert hatte, schnarrte der Admiral: »Ich bin Loos, wie die Lose. Stellvertreter des Stellvertreters des BdU. Von dem haben Sie sicher schon gehört.« Es war sehr früher Morgen. »Der rote Teppich bin ich«, erklärte Loos weiter. »Auf Wochenschau und Reporter haben wir verzichtet.«

Seitlich vom Anhalter Bahnhof parkte eine schwarze Mercedes-Limousine. Mit der fuhren die beiden Männer durch das noch halb schlafende Berlin nach Norden hinaus.

»Zum Lager Lerche«, bemerkte der Admiral. »Schon mal gehört?«

»Aber nie dort gewesen«, erwiderte Laurin. »Als Kapitänleutnant war ich da wohl ein zu kleines Licht.«

Loos informierte ihn, um was es ging: »Berichterstattung über den letzten Einsatz und Ihre heimliche Visite auf der *India Queen*. Es werden nur Offiziere vom Kapitän z. See aufwärts da sein. Also nicht in die Hosen machen, mein Junge, und wenn, dann ganz locker.«

Admiral Loos hatte mit seiner Schilderung in etwa recht behalten. In dem kahlen Tagungsraum saßen um den großen Kartentisch hauptsächlich Stabsoffiziere. Am Anfang stotterte Laurin etwas bei seinem Vortrag. Allmählich wurde er dann sicherer, bis man ihn unterbrach.

»Wie Sie den Amerikaner versenkt haben, interessiert uns hier eigentlich wenig. Soviel wir wissen, sollte er General Eisenhower nach England bringen.«

An der Stirnwand wurde eine Leinwand entrollt, und man begann, darauf vergrößerte Aufnahmen zu projizieren. Sie alle zeigten die Männer am Pokertisch der *India Queen*.

Der BdU, dessen Kopf im Schatten verschwand, so daß man nur seine Stimme hörten konnte, forderte Laurin auf: »Ihre Meinung dazu, Kapitän Laurin.«

Der konnte auch nicht mehr sagen, als was sie mit dem Agfa-100-Film im Salon des Lazarettschiffs sichtbar gemacht hatten: »Die drei Herren sind Schukow, Eisenhower und Montgomery.«

Einer der Offiziere, vermutlich der Analysator, fragte: »Fällt Ihnen dabei nichts auf, Kapitän Laurin?«

Von der Leber weg brachte Laurin seinen Eindruck allgemein zur Kenntnis: »Schukow trinkt französischen Whisky, Montgomery Bier aus der Flasche und Eisenhower vermutlich Tee.«

Unerwartet wurde Beifall geklatscht.

»Genau das ist es, was uns auch zweifeln ließ«, sagte einer der Kapitäne. »Marschall Schukow würde eher Wasser trinken als französischen Cognac, Marschall Montgomery ist ein Gentleman von erstklassiger Erziehung, der nie sein Bier aus der Flasche trinkt. Und General Eisenhower verabscheut Tee. Der hält sich an starken amerikanischen Marinekaffee. Schlußfolgerung: Die drei Gentlemen spielen uns oder sich selbst etwas vor.«

Im Lagezentrum von Lerche hatte man aber auch noch

andere Beweismittel: Bilder, bei denen der Amerikaner, General Eisenhower, in Algerien ein Landungsboot verließ und von seinen Truppen jubelnd empfangen wurde. Das nächste Photo war vor dem britischen Oberkommando in London entstanden. Einer großen Rolls-Royce-Limousine entstieg der wie stets elegant gekleidete Marschall Montgomery, während das dritte Dia das Chaos einer riesigen Montagehalle einfing. Dort wurden lange Reihen von Panzern montiert. Einer der Männer im verschmutzten Monteursanzug im Vordergrund war zweifellos Marschall Schukow.

»Nächste Schlußfolgerung?« erhob sich die Stimme des BdU erneut.

Die Antwort lautete: »Man kann sich nicht gleichzeitig an verschiedenen, Tausende von Kilometern entfernten Orten aufhalten.«

Als letztes Photo wurde ein leicht verbeultes Blechfaß gezeigt, eines der Zweihundert-Liter-Drums, wie sie zum Transport von Benzin oder Öl verwendet wurden. An den Zeichen auf dem Faß, U-238 und dem Buchstaben M, rätselten alle herum.

Der IA des BdU äußerte: »U-238 befindet sich in der Südsee.«

Und ein anderer meinte: »M kann alles bedeuten, Moskau, Madrid, was weiß ich.«

»Die haben alle keine Seehäfen.«

»Dann bedeutet es eben Murmansk.«

»Und was wollen die dort, bitte, mit den Fässern und seinem uns nicht bekannten Inhalt?«

Diese Frage konnte keiner der Uniformträger beantworten. Zu der Runde gehörte aber auch ein Zivilist, ein hoher Funktionär im Rüstungsministerium. Der vermochte zweifellos Auskunft zu geben. Er zog den Kopf zwischen die Schultern. Erst als er fühlte, daß sich alle Blicke auf ihn richteten, sagte er ausweichend: »Bedaure, meine Herrn, das ist das größte Staatsgeheimnis, das wir derzeit haben.«

Das Deckenlicht ging wieder an. Es wurden Kaffee und Cognac gereicht. Korvettenkapitän Laurin bekam das Original des Ritterkreuzes in der Lederschatulle überreicht. Dann brachte Loos ihn wieder zurück nach Berlin.

»Sie können natürlich ein paar Tage Urlaub machen und sich ins Gemenge stürzen. Wo kann ich Sie erreichen, falls etwas vorliegt?«

Laurin gab ihm die Telefonnummer eines Hauses im Berliner Villenvorort Dahlem.

Die Villa, vor der der Dienstwagen hielt, sah hochherrschaftlich aus, mit säulengestütztem Balkonvorbau. Etwas benommen ging Laurin durch das Tor der Einfahrt, eine Marmortreppe hinauf und läutete. Er hatte heute schon so viel erlebt, daß ihn nichts mehr erschüttern konnte – auch nicht die Tatsache, daß ihm seine Inderin persönlich die schwere eichene Haustür öffnete und einen weißen Bademantel trug mit vermutlich nichts darunter.

Sie umarmte ihn, küßte ihn ab und sagte: »Schön, daß du da bist.«

Noch während er durch die Halle die geschwungene Freitreppe hinaufging, die zum ersten Stock führte, erfuhr Laurin schon eine ganze Menge.

»Das Personal hat frei, die Hausdame habe ich ins Kino geschickt zu ›Münchhausen‹. Meine Eltern sind mit Bose bei einem Empfang, ich glaube, in der Reichskanzlei bei Außenminister Ribbentrop.«

U-Boot-mäßig ausgedrückt bedeutete das freie, offene See. Laurin wußte später nicht, was ihn zuerst fasziniert hatte: der Anblick ihrer nackten braunen Beine unter dem Bademantel oder der umwerfende Duft ihres exotischen Parfums. Vermutlich »Mitsouko« von Guerlain. Mit Wohlgefallen betrachtete er das Spiel ihrer Wadenmuskeln. Um den Knöchel trug sie ein goldenes Kettchen. Hier in Europa war das eigentlich das Markenzeichen der leichten Mädchen, aber in Indien war wohl alles anders. Da trugen sie überall Gold, wo es ging und sich Platz bot.

Die große Doppeltür im ersten Stock führte zum Schlafzimmer ihrer Eltern. Der Raum daneben mochte vielleicht nicht ganz so groß sein wie das Schlafzimmer der Königin von England, hatte aber ein wunderbar breites Bett. Ohne große Umstände knüpfte Mirhana den Gürtel auf und ließ den Bademantel fallen. Diese Inderinnen! Die hatten nicht nur bildschöne Gesichter, sondern auch wundervolle Körper – schlank an den Hüften, Rundungen weiter unten und kleine Melonen mit dunklen Knöpfchen weiter oben. Was Laurin wunderte – sie trug kein Gold mehr, dafür im Nabel etwas Glitzerndes, irgendeinen Edelstein.

Sie legte sich hin, machte die Beine breit und sah ihm zu, wie er sich entkleidete. Als er das letzte Stück abgelegt hatte, fing sie an zu lachen. »Man sagt, Zwerge haben große Dinger.«

»Wart's nur ab, das Ding wird schon noch größer.«

»Laurin war doch ein Zwerg?«

»Ein Zwergenkönig. Aber ich bin nicht sein direkter Nachkomme.«

»Bedeutet Laurin nicht Rosengarten?«

Er versuchte es ihr zu erklären. »Laurin bedeutet ›der kleine Rosengarten‹. Und der Zwergenkönig Laurin war dessen Herr. Abends, wenn die Sonne untergeht und aus Westen heraufstrahlt, leuchten die Wände der Dolomiten rosenrot.«

Sie unterbrach ihn, aber nur kurz: »Und wie ging es weiter mit diesem Laurin?«

»Bei Bozen wurde der Tiroler besiegt. Und zwar von Dietrich von Bern. Der bekehrte ihn zum Christentum.«

Unvermittelt sagte sie: »Nur damit du Bescheid weißt: Ich bin noch Jungfrau.«

»Ich auch.«

»Erzähl mir was von deiner Familie.«

»Ich sagte ja schon: Mein Großvater war Wandergeiger. Von Kalabrien bis zu den Dolomiten zog er von Dorf zu Dorf und spielte bei Hochzeiten und Familienfesten auf. Er spielte die bekannten Tänze, die Neapolitaner, die Sizilianer, verdiente eine Menge Geld, baute sich ein Haus und heiratete ein hübsches Mädchen. Doch leider hielt das Glück nicht ewig. Eines Tages bekam mein Großvater Konkurrenz, nämlich einen Zigeunergeiger aus Ungarn. Der konnte beim Fiedeln auch noch singen. Er gab die schwermütigen ungarischen Lieder zum besten, Tränen von der Puszta, von der Liebe, von den Rosen in Debreczin. Einmal trafen sie zusammen. Der Ungar forderte meinen Großvater zum Musikstreit auf und gewann. Sie trugen den Zigeunerczigan auf den Schultern durch die Halle. Mein Großvater soff sich mit Grappa zu, zertrümmerte seine Geige auf dem Knie, warf Hals und Corpus ins Feuer und den Geigenbogen hinterher. Dann wankte er hinaus. Ein Freund von ihm rettete die angekohlte Geige, übergab die Trümmer meiner Großmutter, und die ließ alles in Cremona reparieren. Viel später, als mein Großvater starb, legte sie ihm die Geige in den Sarg. Mein Vater erbte sein Talent, ist heute Solist, Dirigent und Komponist, und ich kann nicht einmal die Tonleiter geradeaus singen. – Also, Jungfrau bist du noch. Gibt's das in einem so reichen Land wie Indien?«

Zärtlich durchforschte seine Hand den buschigen, schwarzen Wald, umrundete die Kuhle mit dem Diamanten und kam dort, kaum ihre Haut berührend, zu den zwei Bergen mit den braunen Spitzen.

Wie nebenbei fragte er: »Also, zuerst den Mount Everest oder den Nanga Parbat?«

»Am besten beide gleichzeitig. – Und wie ging's weiter mit dir?« wollte sie wissen.

»Meine Eltern waren ja immer unterwegs. Vater auf Tournee als Dirigent, meine Mutter als seine Managerin. Allein zu Hause, mogelte ich mich durch das Abitur, und sie berieten, wozu ich taugen könnte. Sie suchten eine Ersatzfamilie und fanden sie tatsächlich in der Kriegsmarine.« Mirhanas Wunsch gemäß hatte er die beiden Berge gleichzeitig erklettert.

Mit einem Aufschrei fuhr sie halb herum und rief: »Ich bin gar keine Jungfrau mehr.«

»Und wer war das Monster?«

Sie deutete mit dem Zeigefinger auf ihr Herz. »Ich selbst ... Aber das ist so: Wir Mädchen aus der Oberschicht werden mit irgendeinem Nabob verheiratet, einer Art Maharadscha.«

»Und die wollen nur Jungfrauen.«

Sie schloß verschämt die Augen und sagte: »Dafür haben wir in Bombay gute Ärzte, Hymenchirurgen, die das wieder annähen.«

Jetzt zeigte er ihr, was ein echter Laurin war.

Sie stöhnte in allen Sprachen, in Englisch und Indisch, und einmal hörte er: »Du bist schon ein ganz wilder Bursche, ein wilder bist du ...«

»Wart's nur noch ab.«

»Aber Mutter muß ich bei Gott nicht werden.«

Doch dafür war es fast schon zu spät. Auf ihr liegend, zuckte er zusammen. Unten vor dem Haus bremste scharf ein Auto. Vier schwere Türen schlugen satt zu. Dann wurde Sturm geläutet.

Mirhana schlüpfte in einen bestickten Hauskimono, lief barfuß hinunter. Laurin hörte Stimmen, Mirhana kam wieder in Begleitung eines Offiziers in Wachuniform. Ein Oberst der Feldpolizei. Ihn begleiteten zwei Soldaten im Stahlhelm, bewaffnet mit Sturmgewehr.

Die Stimme klang mehr dienstlich als freundlich: »Sind Sie Korvettenkapitän Laurin?«

Der Oberst der Feldpolizei ging auf den nackten Marineoffizier zu, der nichts als das Ritterkreuz am Hals hatte.

»Bin ich.«

Aus dem Augenwinkel sah Laurin, wie Mirhana im Badezimmer verschwand, hörte die Dusche rauschen.

»Und was wollen Sie von mir?«

»Sie müssen mitkommen, Herr Kamerad.«

»Ist das eine Festnahme oder eine Verhaftung oder was?«

»Befehl vom Hauptquartier.«

Laurin wollte das Papier sehen. Es war mit der großen, eckigen Handschrift des Oberbefehlshabers der U-Boote unterzeichnet.

Rasch verschwand er im Bad, verabschiedete sich von seinem indischen Traummädchen, kleidete sich an und folgte dem Feldjägerkommando.

Im Mercedes fragte er den Oberst: »Was haben Sie mit mir vor, wohin geht es?«

»Das werden Sie bald sehen, Herr Kamerad.«

»Wissen Sie, was ein Hymen ist?«

»Bedaure.«

Sie fuhren verhältnismäßig schnell durch Berlin nach Südosten hinaus Richtung Tempelhof. Auf dem riesigen Flugfeld waren am Rande mehrere Rotten Me-109-Jäger abgestellt Am Anfang des Rollfelds stand ein Bomber, eine zweimotorige Me-111. Ihre Motoren liefen schon warm. Zwei Luftwaffensoldaten bugsierten den U-Boot-Kommandanten an Bord des Bombers zum Platz des Ersten Schützen.

Salutierend verabschiedete sich der Feldjägeroberst und sagte: »Erst geht es, glaube ich, nach Paris. Alles Gute wünsche ich Ihnen.« Damit verschwand er.

Laurin hörte von der Kanzel her quäkenden Sprechfunk. Der Start wurde freigegeben. Die 800-PS-Motoren heulten auf, der Bomber begann zu rollen. Kaum hatte er abgehoben, ging er auf Kurs 180 Grad. Das war etwa die Richtung Mittelfrankreich.

Den Papieren, die ihm der Feldjägeroffizier gegeben hatte, entnahm Laurin noch einen zusammengefalteten Briefbogen. Mit bekannt eckiger Handschrift enthielt er wenige Zeilen:

»Lieber Laurin, mußten Sie leider stören. Ihr Boot wartet in Lorient für eine Operation, bei der es sich angeblich um die wichtigste seit Kriegsbeginn handelt. Mehr weiß ich auch nicht. Viel Glück. Ihr Dönitz.«

Laurin lehnte sich zurück, schloß die Augen und sagte: »Das kann ja heiter werden. Wäre ein schöner Tag geworden.«

9

Auf dem felsigen Kap saß der Fischer Johann Steinmann in der wärmenden Abendsonne. Die weite Bucht vor ihm hatte sich wieder einmal mit Dutzenden von Frachtern gefüllt. Sie waren aus allen Richtungen zu diesem Treffpunkt angedampft. Schwerbeladen lagen sie tief in der See. Mit der sinkenden Sonne kam Nebel auf. Das machte den Fischer sicher, daß der Konvoi erst am nächsten Morgen losfahren würde. Er verbrachte die Nacht in seiner Hängematte in der Hütte. Am Morgen hatte ein scharfer Nordwest, der eiskalt von Grönland her wehte, den Dunst aus der Bucht geblasen.

Über den Schornsteinen der Frachter bildete sich schwarzer Rauch. Man hatte also Feuer unter den Kesseln gemacht, um loszufahren. Aber die Schiffe zeigten kein Kielwasser.

Worauf warten sie, überlegte der alte Fischer, es wäre doch ein guter Zeitpunkt zum Aufbruch ...

Um Mittag herum erkannte er den Grund. Von der Dänemarkstraße her kam ein schweres, großes Kriegsschiff angebraust. Offenbar wollte es sich dem Konvoi anschließen oder zu seinem Schutz mitfahren. Es handelte sich um ein mit vier 45er-Dreiertürmen bestücktes Schlachtschiff älterer Bauart, und es hatte noch hohe Schornsteine, aus denen es ziemlich schwarz hervorquoll.

Das Licht einer Stablampe geisterte durch den Führerstand. Ein Mann in der Uniform eines Oberbootsmaats meldete sich beim Kommandanten der 222.

»Wir haben Leutnant Döring und die Besatzung des Schnellbootes, die Sie aus dem Eismeer fischten, übernommen, Herr Oberst. Wir bringen Flugbenzin für Sie.«

»Wieviel?«

»Etwa drei Tonnen.«

»Damit komme ich ja kaum in die Luft, Mann!«

»Der Hafenkommandant kommt noch herüber und will Sie sprechen.«

»... und bringt mir eine Thermosflasche voll Sprit mit, wie?«

Auf dem Hafentanker, der neben dem Flugboot festgemacht hatte, summten die Pumpen.

Der Funkmeister kam und sagte: »Interessante Meldung aus London, Herr Oberst.«

»Ich komme.«

Oberst Gradl, der sich jahrelang in Amerika aufgehalten hatte, sprach und verstand perfekt Englisch. Er wandte sich an den Bootsmann des Tankers: »Meldung, wenn Sie fertig sind.«

Aber da flog die Mosquito schon schnurgerade auf sie zu und erfaßte sie mit dem großen Suchscheinwerfer, dem Ligh-light. Sofort wurde der griesige Morgen taghell. Viel zu langsam schnitt das U-Boot unter. Es war noch nicht weg, da tauchte der zweimotorige Schnellbomber wieder auf und klinkte seine 500-Pfund-Ladung aus.

Der graue Stahlkörper der Bombe war verdammt genau gezielt. Er torkelte herunter und traf das U-Boot zwischen Turm und dem 8,8-cm-Geschütz. Die Bombe riß das ganze Oberdeck bis zur Zentrale auf und explodierte offenbar im Inneren des Druckkörpers. Jeder Mann an Bord des U-Bootes wußte, daß sie nicht mehr zu retten waren.

An diesem Morgen versank im Golf von Biscaya das deutsche U-Boot samt seiner Fracht in den grauen Fluten.

Der Funker war nicht mehr in der Lage gewesen, SOS oder den Standort anzugeben.

Die hinter dem Mosquito als Deckung herfliegende Lightning bestätigte die Versenkung und machte einige Luftaufnahmen von den Trümmern. Zurück in Luton machte der Mosquito-Pilot Meldung, aber der Chef seiner Schwadron war noch nicht zufrieden.

Auf dem riesigen Flugplatz der 179. RAF-Schwadron standen die Wellington-Bomber. Die äußerst stabilen amerikanischen Viermotorigen wurden von ihren Besatzungen hauptsächlich für Tageseinsätze genutzt. Ein Dutzend dieser schwerbeladenen Monster startete um die Mittagsstunde mit Kurs auf die U-Boot-Häfen an der französischen Küste, nach Brest, St. Nazaire und Lorient.

Der Fischer, der fast alle Schiffstypen kannte, nahm an, daß es sich um ein russisches Schlachtschiff aus dem Ersten Weltkrieg handelte. Baujahr 1917 oder 1918, schätzte er. Zurück in seinem Haus, blätterte er dann den Flottenkalender durch. Sein Gedächtnis hatte ihn nicht im Stich gelassen. Es war ein 36 000-Tonnen-Panzerkreuzer, und er stammte noch aus der Zaren-Klasse. Vermutlich war es die Wozev, 28 000 Tonnen, neuerdings auch bestückt mit 2-cm-Fliegerabwehrgeschützen, automatischen Waffen, hergestellt von der halbschwedischen Firma Oerlikon. Dort hatte man der Wozev auch Torpedolancierrohre an Backbord und Steuerbord spendiert. Beachtlich war ihre Geschwindigkeit: dreiundzwanzig Knoten. Aber selbst aus so alten Zossen holten die Russen noch eine Menge heraus. Stur, wie sie waren, heizten sie, bis die Kessel platzten. Der Panzerkreuzer – er trug die rote russische Kriegsflagge an Mast und im Heck – verringerte seine Geschwindigkeit, vor dem Konvoi einen Halbkreis mit Kursänderung nach Osten beschreibend.

Jetzt geht es los, dachte der alte Fischer. Seine Erfahrung gab ihm recht. Der Kommodore auf dem Führungsschiff löste den Signalschuß, die Frachter – fast alle waren jetzt ankerauf gegangen – setzten sich in Fahrt. Der Russe blieb nicht an ihrer Spitze, sondern ließ sich etwas zurückfallen ins Innere des Konvois, wo ihm die Frachter Deckung gaben. Doch das nützte ihm wenig. Der alte Fischer setzte seine geheime Funkstation in Betrieb. Die Kupferantenne hoch am Fahnenmast funkte seine Beobachtung an die Relaisstation.

Bis die Meldung über das Eintreffen des russischen Panzerkreuzers ihren Weg über Island und Norwegen nach Berlin genommen hatte, würde gut und gerne ein Tag vergehen, aber es war immer noch Zeit genug, um Gegenmaßnahmen zu ergreifen.

Jean Stoneman, dem alten Fischer, konnte das egal sein. Er reinigte seine Pfeife, stopfte Tabak fest hinein und steckte sie an.

10

In der Flattery Bay herrschte mittlerer Seegang. Steter Wind aus Nordost sorgte für leichte Wellen. Auf der weiten Wasserfläche, größer als alle oberbayerischen Seen zusammen, war kein Fahrzeug zu sehen, als U-Laurin sich in Überwasserfahrt hineintastete. Das Boot querte die Bucht, bis im Nordwesten die Flußmündung in Sicht kam. Dann fuhr Laurin sein Boot mit langsamer E-Maschinen-Drehzahl flußaufwärts bis zu der Biegung.

Das war der vereinbarte Treffpunkt. Aber niemand war zu sehen. Zumindest nicht der Kutter, den er treffen sollte.

Er wendete das Boot. Dabei ließ er ständig die Tiefe messen, denn die Flut begann abzulaufen. Sie hatten noch sechs Meter Wasser unter dem Kiel, als der Mann in dem Ruderboot in Sicht kam. Er pullte vom Waldrand herüber und gab mit der Blinklampe das vereinbarte Morsezeichen.

Laurin holte ihn an Bord und ließ ihn in die Zentrale bringen. Dann wandte er sich an den I WO: »Fahren Sie das Boot in die Bucht hinaus und legen Sie es auf Grund. Ich glaube, ich habe mit dem Burschen einiges zu besprechen.«

Bei der Unterhaltung faßte sich der Ire kurz. Er berichtete, was geschehen war, und beantwortete Laurins Fragen.

»Was war das für ein Schlepper?«

»Britische Kriegsflagge, Sir.«

»Wie viele Fässer hatten Sie?«

»Ein Dutzend, Sir, Blech.«

»Gewicht?«

Der Fischer antwortete: »Etwa einhundertzwanzig Kilo pro Faß.«

Er beschrieb die Behälter als jene Blechfässer, wie sie weltweit zum Transport von Benzin oder Diesel benutzt wurden.

Zu des Fischers Überraschung fragte Laurin: »Farbe gelb?«

Der Fischer nickte und nahm noch ein Glas von dem angebotenen Cognac. Nach seiner Aussage stimmte auch die Beschriftung. »U-238. G zwischen zwei Bindestrichen.«

Das G konnte nur Germany bedeuten.

Laurin verhörte ihn weiter: »Was wissen Sie über den Inhalt?«

»Gift, Sir.«

»Es gibt viele Gifte.«

»U – wie Uran, Sir.«

Neue Frage: »Woher wollen Sie das wissen?«

»Von dem Kapitän des chilenischen Frachters, Sir.«

Der Fischer begann zu schwitzen. Er wollte sich einen Zigarillo anstecken, was ihm Laurin untersagte.

»Wir sind hier auf einem U-Boot.« Dann drängte der Korvettenkapitän: »Erzählen Sie weiter, Mann.«

Wie vor Beginn einer langen Rede atmete der Ire tief. »Der Frachter kam von dem chilenischen Pazifikhafen Tocopilla. Dort hat er die Fässer übernommen. Sie stammten angeblich von einem kleinen Bergwerk in den Anden bei Santiago del Estero. Die Chilenen graben dort nach Uranerz und reinigen es auf primitive Weise bis zu Uranoxyd. Das liefern sie dann an die USA. Angeblich wurden die Fässer im Hafen von Garestone, also am Golf von Mexiko, auf Armee-Dreiachser verladen.«

Allmählich bekam Laurin heraus, daß das Uran von den Amerikanern zum Bau ihrer Uran-Bombe benötigt wurde, einer Bombe von unvorstellbarer Zerstörungskraft, zehntausendmal stärker als eine Luftmine.

Die Rede des Iren war jetzt durch den dritten Cognac flüssiger geworden. Er erzählte, was er noch wußte. »Wahrscheinlich hatten die Amerikaner jetzt genug von der Ware. Den Rest verhökerte das Bergwerk, obwohl die USA das strengstens verboten hatten.« Der Kapitän hatte eine Partie davon an einen Makler verkauft und Seeverladung auf ein weißes Lazarettschiff vorgenommen.

Laurin hatte eine Zwischenfrage: »Wann war das?«

»Vor fünf Wochen ungefähr.«

»Und wie kam der Chilene durch den Panamakanal mit der Giftfracht?«

»Mit einem amerikanischen Permit. Die Amis üben ja die Hoheit über den Kanal aus. Vermutlich nutzte der Kapitän das letzte Permit für diese Reise.«

Ob er wollte oder nicht, Laurin mußte begreifen, daß das für Deutschland bestimmte Uranoxyd verschwunden war. Was der Fischer sonst noch über den Schlepper und seine Besatzung erzählte, nützte ihm wenig, und er konnte sich auch keinen Reim darauf machen. Vermutlich hatten hier die Geheimdienste ihre Hand im Spiel.

Der Fischer hielt seinen Kutter für verloren, war aber für seine Dienste bereits entlohnt worden. Laurin ließ ihn mit dem Schlauchboot im Buschwald des östlichen Vorgebirges absetzen und trat die Rückfahrt nach Lorient an.

Auf der U-Boot-Basis in Südfrankreich gab Korvettenkapitän Laurin einen schriftlichen sowie einen mündlichen Bericht ab.

Admiral Loos erklärte daraufhin, Laurin könne das

Kommando über sein Boot nicht mehr übernehmen. »Lassen Sie Ihre Klamotten zusammenpacken und sehen Sie zu, daß Sie heute nacht noch den BdU-Zug nach Hamburg erreichen.«

Laurin wirkte ziemlich ratlos. »Darf ich fragen, Herr Admiral …«

»Diesmal dürfen Sie. Sie sind ab sofort Dozent für U-Boot-Taktik an der Marine-Offiziersschule in Flensburg-Mürwik. Die nehmen für solche Posten nur Offiziere vom Korvettenkapitän aufwärts mit Ritterkreuz. Ich wünsche Ihnen alles Gute, mein Junge!«

Da saß Laurin nun in seinem Sessel in der Unterkunft für U-Boot-Offiziere in Lorient und wußte nichts Besseres zu tun, als eine Flasche Cognac zu entkorken.

11

Das Schnellboot unter Leutnant Luitpold Döring gehörte zur vierten Flottille, die im norwegischen Stavanger lag. Seit Wochen herrschte über dem Seegebiet im Dreieck zwischen Norwegen, Island und Grönland eine derartig dicke Nebellage, daß Flugzeugaufklärung nicht möglich war.

»Sie müssen raus mit Ihrem Boot, Döring«, befahl der Flottillenchef.

»Wer noch?«

»Diesmal Sie allein. Zu viele Boote fallen nur auf.«

Der Kommandant alarmierte seine Mannschaft. Das stets auslaufklare Boot startete seine Mercedes-Dieselmotoren und machte bei Einbruch der Dunkelheit los. Es nahm sofort Kurs West, ließ also Island im Norden liegen. Mit hoher Geschwindigkeit, fünfunddreißig Knoten laufend, erreichte es im Laufe der Nacht jenen Seebereich, den die alliierten Konvois bevorzugten, weil es dort immer erst sehr spät zu Treibeisbildung kam.

Die See war nicht ohne Hindernis. Irgendeine Gegenströmung trieb von Spitzbergen faustdicke Schollen herunter, durch die sich das Schnellboot seinen Weg bahnte. Es klang wie langsames Trommeln. Bis zum Morgengrauen bekamen sie keine Sichtung, auch nicht auf dem einfachen Radargerät.

»Die dampfen diesmal näher an der grönländischen

Küste«, vermutete Dörings Obersteuermann, »halten sich im warmen Golfstrom.«

»Das würde ich auch gerne tun.« Der Kommandant fluchte. »Verdammt kalt, diese Ecke.«

Die lange Eismeernacht war noch nicht zu Ende, da wurde vom Horcher ein dicker Brocken gemeldet. »Drei Schrauben, Kolbenmaschine, mindestens Kreuzer.«

Sie waren also auf der Spur eines Schiffes, das vermutlich zum Schutz des Geleits hier draußen auf den Konvoi wartete.

Leutnant Döring wagte sich durch den Nebel so nah wie möglich an das Dickschiff heran nach der Devise: Wenn wir ihn nicht sehen, sieht er uns auch nicht.

Als eine kurze Windböe die Nebel etwas lichtete, hatten sie das Schiff klar und deutlich im Glas. Es war ein riesiger Schlachtkreuzer älterer Bauart, noch mit den schmalen, dünnen Schornsteinen. Die Deutschen versuchten den Gegner zu photographieren und folgten ein Stück seinem Südwestkurs, bis man sie letzten Endes doch entdeckte.

»Der hat einen Haufen Flak, Herr Leutnant. Der ist nur so gespickt mit automatischen 2-cm, der schießt uns allein mit seinen Fliegerabwehrwaffen in Fetzen«, warnte der I WO.

Daraufhin ließ der Schnellbootkommandant die Fahrt verringern, setzte eine Funkmeldung ab und ging auf Gegenkurs in Richtung auf seinen norwegischen Stützpunkt.

»85 Grad jetzt.«

Die Treibeislage blieb unverändert. Trotzdem geriet das Schnellboot auf eine Platte, die zwar unter dem Gewicht des Bootes zerbrach, es aber schwer traf. Mit einem Ruck machte das Boot keine Fahrt mehr.

Der Kommandant ging ans Sprachrohr. »An Maschine. Was ist los bei euch?«

Die Motoren liefen mit hoher Drehzahl. Woran es haperte, konnte sich der Kommandant denken, noch bevor der Obermaschinist heraufkam.

Der Techniker meldete: »Der Antrieb, Herr Leutnant. Beide Schrauben.«

»Blockiert oder kaputt?«

Der Kommandant rechnete mit dem Schlimmsten, und seine Befürchtung wurde bestätigt. Sie brauchten nicht erst einen Mann mit dem Tauchretter hinunterzuschicken. Kein Zweifel, die Schrauben waren verbogen, die Flügel gebrochen oder abgerissen.

Da sich das Boot von Leutnant Döring mitten im Feindgebiet befand, war mit Abschleppen nicht zu rechnen, aber vielleicht mit Rettung der Besatzung per Lufttransport.

Der Funker gab einen Spruch an die Basisstation. »Liegen mit Schraubenschaden fest.« Dazu nannte er so genau wie möglich den Standort, neunzig Meilen östlich der Orkneyinseln.

Döring bekam als Antwort, daß ein Seenotrettungsflugzeug starten würde. Da die Entfernung von der Küste zu ihm etwa fünfhundert Kilometer betrug, konnte die Hilfe frühestens in drei Stunden eintreffen.

Der Funker in der Basis Stavanger gab noch durch: »Senden Sie ab 14.30 Uhr Peilton.«

12

In einer Ecke des Stavangerfjords lag das größte Flugboot der Welt, die BV 222, gebaut von Blohm & Voss in Hamburg. Sie war der ganze Stolz von Oberst Gradl, dem Staffelkapitän der Seenotrettungsflugzeuge. Er hatte den Bau und die Ausrüstung dieses Flugzeugs durchgesetzt. Als letzter bestieg er den Leylandbus. Er mochte dieses britische Fahrzeug nicht, wie alles britische. Die Engländer hatten ihm nämlich zweimal einen Dornier-Wal unterm Hintern weggeschossen.

Im Bus zählte er die Köpfe seiner Besatzung durch. Zwölf Mann, also vollzählig: er und der zweite Pilot, die Funker, die Bordmechaniker, die MG-Schützen und der Notfallsanitäter. Als der Bus die letzte Kurve nahm und man auf das grün-blaue Fjordwasser hinunterblicken konnte, sah er dort das riesige sechsmotorige Ding.

»Mit diesem Apparat haben wir den Palästina-Einsatz geflogen, mit Mann und Maus, Waffen und Soldaten. Und wir sind heil zurückgekommen«, erzählte er.

»So wie wir hoffentlich heute auch«, sagte sein zweiter Pilot, Major Dengler.

Die Maschine war vom Prahm mit 30 000 Litern voll betankt worden. Als die Mannschaft an Bord war, gab der Oberst eine kurze Einsatzerklärung: »Bei den Hebriden ist ein Schnellboot in Seenot. Zwei Stunden hin, eine Stunde vor Ort, zwei Stunden zurück, wenn alles glattgeht.«

Anlassen, Warmlaufen, Start. Die sechs Motoren bekamen mit infernalischem Gebrüll Vollgas. Die Piloten zogen die Maschine nach gebührend langem Anlauf aus dem Fjord, stiegen in Richtung Meer auf zweihundert Meter Einsatzhöhe und gerieten sofort in dichten Nebel, doch die Funker wußten Bescheid, wann das Peilsignal des Schnellbootes zu hören sein würde. Sie rieben sich den Schlaf aus den Augen wie die übrigen zehn Mann auch, die der Alarm aus den warmen Betten gerissen hatte. Die Flugzeit dauerte zweieinhalb Stunden. Sie hatten starken Gegenwind.

»Erkennungssignal anfordern«, befahl der Oberst.

Sie umkreisten mehrmals die Stelle, wo sich das Schnellboot befinden mußte, sahen aber kein Signal.

Der Oberst ging selbst an den Sprechfunk. »Ballert mit allem los, was ihr habt. Der Nebel ist einfach zu dick.«

Mit jeder Runde verflogen sie mehrere hundert Liter von dem kostbaren Treibstoff. Und dann meldete der Mann am Funkmeßgerät, dem deutschen Radar, tatsächlich eine Sichtung. Das Flugboot ging auf halsbrecherische zehn Meter Höhe, bis einer der Bordschützen im Glas das Schnellboot ausmachte. Sie setzten zur Landung an und übernahmen die ganze Besatzung. Leutnant Döring verließ als letzter sein Boot und stellte den Vorlauf der Sprengladung auf zwei Minuten.

Die BV 222 begab sich in weitem Bogen zum Start, die Treibeisschollen schlugen gegen den Rumpf. Dann, endlich, nach kilometerlangem Anlaufen, war das Flugboot aus dem Wasser.

Der Kommandant, Oberst Gradl, rief den Ersten Funker. »Meldung an Basis: Schnellbootbesatzung gerettet, Boot versenkt, kehren zurück.«

Fast gleichzeitig händigte ihm der Erste Funker ein frisch entschlüsseltes FT aus. Das Oberkommando in Oslo machte eine Anfrage, ob der Sprit noch bis vierzig Nord, dreißig West reichte. Sie schauten auf der großen Karte nach. Auf dieser Position lagen die Azoren.

»Frage Benzin«, wandte sich der Oberst an den Ersten Mechaniker. »Wieviel Treibstoff haben wir noch?«

»Ein Drittel ist raus, Herr Oberst«

»Wieviel, habe ich gefragt. Ich habe nicht gefragt, wieviel raus ist, sondern wieviel noch drin ist«

»Etwa 22 000 Liter.«

Der Oberst wandte sich an seinen Navigator. »Wie weit kommen wir damit?«

»Wenn wir drei Motoren drosseln, Herr Oberst, schätzungsweise viertausend Kilometer.«

»Und wie weit ist die Strecke bis zu den Azoren und zur nächsten Basis?«

Der Navigator rechnete. »4 500 Kilometer, Herr Oberst.«

»Das wird aber verdammt knapp – verdammtski.«

»Es ist praktisch überhaupt nicht zu machen«, ergänzte der zweite Pilot.

Trotzdem ließ Oberst Gradl den Großkreiskurs Azoren berechnen und gab ihn durch. Wenn das Seenotrettungsflugzeug, das eigentlich kein Aufklärer war, so weit hinaus in den Atlantik beordert wurde, mußte das einen verdammten Grund haben.

Um was es letzten Endes ging, erfuhren sie im Laufe der nächsten Stunden. Der Oberst erklärte es seinem Stellvertreter.

»Am Pier im Haupthafen Delgada soll ein weißes Schiff liegen, ein Lazarettdampfer. Nachzusehen, ob er noch da ist, das ist unsere Aufgabe.«

Nach mehr als zehn Flugstunden kam jetzt die Müdigkeit. Da half auch der heiße Thermosmokka nicht mehr. Der Oberst gab die Lutschpastillen mit dem Pervitin frei. Jedermann klebte zunächst eine einzige Tablette an den Daumenballen, um ab und zu mit der Zunge darüberzugehen und sich Speed zu holen.

In der früh einsetzenden Abenddämmerung tauchte die portugiesische Inselgruppe auf. In weitem Bogen flog die BV 222 zum Haupthafen, keiner von der Besatzung konnte aber mit dem Fernglas das gesuchte Schiff ausmachen. Nur weit draußen lag ein Kriegsschiff. Noch bevor er den Funkspruch absetzte, ließ der Oberst den kürzesten Weg zur nächstliegenden Basis errechnen.

»Das wäre die französische Küste, Brest oder St. Malo.«

»Entfernung?«

»5 400 Kilometer, Herr Oberst.«

Gradl wandte sich an seinen Ersten Mechaniker. »Frage Sprit?«

»Knapp sechstausend Liter«, lautete die Antwort.

Bis St. Malo konnte das reichen, wenn keine starken Gegenwinde oder Turbulenzen auftraten. Das Flugzeug war riesig in seinen Abmessungen und immer noch sehr schwer: die Schnellbootbesatzung, die eigenen zwölf Mann, die sieben Tonnen Benzin. Der Oberst schluckte ein paarmal heftig, stets Zeichen einer gewissen Ratlosigkeit bei ihm. Aber der Umweg über die Azoren leuchtete ihm ein. So weit hinaus kam kein Aufklärer, nicht einmal die Condor.

Alle zehn Minuten ließ sich der Oberst die Position durchgeben und den Treibstoffstand. Dann fällte er die Entscheidung. Er wollte St. Malo anfliegen. Es hatte einen großen Golf mit relativ ruhigem Wasser.

Einmal ließ sich sein zweiter Pilot vernehmen: »Ganz wird es nicht reichen.«

»Dann erinnern wir uns eben, daß wir auch ein Schiff sind. Wenn fliegen nicht mehr geht, dann geht abschleppen immer.«

Die Dunkelheit war jetzt voll hereingebrochen. Im Flugzeug schalteten sie die grüne Cockpitbeleuchtung an. Ohne daß er aufgefordert wurde, meldete der Mechaniker immer wieder den Reststand. Zwölftausend Liter … zehntausend

Liter. Bei sechstausend wurde allen mulmig. Der Oberst ergriff die nötigen Sparmaßnahmen. Er drosselte zwei der sechs Motoren, stellte sie aber nicht völlig ab, damit sie warm blieben. So hoffte er, wenigstens noch die Küstennähe Frankreichs zu erreichen. Er überlegte, wie er das Flugboot noch erleichtern könnte, und ließ alles Unnötige über Bord werfen: die Maschinengewehre bis auf eines, die schweren Schlauchboote mit Außenbordmotor und worauf man sonst verzichten konnte. Wie Unkenrufe aus dem Wald hörte er den Mechaniker: »Noch zweitausend Liter.«

»Zweitausendachthundert Kilometer«, meldete der Navigator.

Sie kamen gut runter. Nach der glücklichen Landung saß der Oberst in seinem Pilotensessel und schien vor sich hin zu dösen. Aber er dachte darüber nach, wie sein Flugboot noch zu retten sein könnte. Diese 222, dieser Apparat, war eine der größten Kostbarkeiten. Die Luftwaffe besaß ganze vier Stück davon.

13

Deng … deng … deng … dong.

Deng … deng … deng … dong.

Mit dem typischen Pausenzeichen, das angeblich aus einer Symphonie Beethovens stammte, meldete sich der britische Sender. Nach kurzen Störgeräuschen meldete eine Männerstimme: »Ladies and Gentlemen, hier ist BBC London. Wir bringen Ihnen das angekündigte Gespräch mit den drei wichtigsten Männern dieses Krieges. Wir sitzen hier in einem Luftschutzraum unter der Erde des Studios, über uns vier Meter Beton. Den Ort darf ich Ihnen nicht nennen.«

Tiefes Räuspern unterbrach ihn. Ein Mann mit rauher Wodkastimme und russischem Akzent sagte: »Kommen Sie zur Sache. Mein Flugzeug startet vor Mitternacht.«

Sofort ging der Sprecher darauf ein. »Bevor uns die deutschen V-2-Flügelbomben belästigen, darf ich vorstellen: Marschall Schukow, Oberbefehlshaber der russischen Armeen, General Dwight D. Eisenhower, Kommandeur des amerikanischen Hilfscorps, und Marschall Montgomery, Befehlshaber aller britischen Streitkräfte. Gentlemen, eine Frage quält uns alle: Wie geht es weiter in diesem Krieg, und wann wird er zu Ende sein?«

Der Russe räusperte sich. »Die Sowjetunion hat keinen Zugang zu den warmen Meeren. Aber wir haben hinter dem Ural eine neue Panzerfabrik gebaut. Dort stellen wir die modernsten Panzer her – breit, niedrig, Modell Stalin. Mehrere hundert Stück pro Tag. Die hochgelobten deutschen Panzer Tiger, Königstiger und so weiter sind wahres Spielzeug dagegen. Diese Stalins, unsere beste Artillerie und alle noch verfügbaren Elitetruppen ziehen wir an der Westfront zusammen, das heißt, an der Grenze zwischen der Ukraine und Ostpolen.«

»Und wann werden Sie losschlagen, Herr Marschall?«

»Sobald der Angriff unserer Verbündeten an der Westküste Frankreichs erfolgt ist und die Truppen vorwärtskommen, stoßen wir nach Westen in Richtung Berlin vor.«

Offenbar war aus dem Russen nicht mehr herauszuholen, denn der Sprecher wandte sich an Eisenhower: »Herr General, wann wird das soweit sein?«

»Irgendwann nächstes Jahr.«

»Was verstehen Sie unter irgendwann – Frühling, Sommer, Herbst oder Winter?«

»Wenn das Wetter paßt. Wir müssen immerhin mit Tausenden von Soldaten, Panzern, Artillerie und Megatonnen Munition in unseren Landungsbooten fünfundvierzig Kilometer über den Englischen Kanal setzen. Sie können sich vorstellen, daß das nicht ohne Unterstützung aus der Luft und mit der Flotte zu machen ist. Das Wetter muß also stimmen.«

Marschall Montgomery stimmte seinem Verbündeten bei. Er war tagtäglich bei seinen Truppen, beobachtete deren Übungen und Landetrainings.

Der Sprecher wechselte das Thema. »Ich sagte schon eingangs, daß Sie die drei derzeit wichtigsten Persönlichkeiten dieses Kriegs sind und – man kann beinahe sagen stündlich – Ihren Aufenthalt wechseln.«

»Richtig. Mal treffen wir uns auf einem Schlachtschiff, mal in einer Festung, mal in einem Schnellzug mit gepanzerten Waggons, mal in der Luft.«

Der Kommentator wandte ein: »Und wenn doch einem

von Ihnen etwas zustoßen sollte, was wir ja alle nicht wünschen? Wir sind uns doch klar darüber, daß die besten Agenten und Killer auf Sie angesetzt sind.«

Sarkastisch bemerkte Eisenhower: »Sie wollen sagen, man will der Schlange die drei Köpfe abschlagen.«

»Aber das würde nicht viel bringen«, unterbrach ihn Montgomery. »Unsere Mitarbeiter, unsere Stäbe, Offiziere sind über jeden Schritt im Bilde, kennen jede Kompanie, ihr Einsatzziel, jeden Gurt mit Munition, jede Schraube.«

»Es geht also auch ohne uns«, bemerkte Eisenhower mit seiner hellen, klaren Stimme und setzte noch hinzu: »Notfalls.«

»Oder notfalls nicht«, unterbrach ihn der Russe. »Denken Sie an die Geschichte, meine Herren. Punische Kriege, Rom, Karthago ... Hannibal drang über Rom hinaus bis Süden vor. Doch als sein geliebter Bruder Hasdrubal starb, wich alle Kraft aus ihm. Er traf falsche Entscheidungen, verlor Schlachten. Dann ließ ihn die Heimat im Stich, schickte ihm keine Soldaten, keine Waffen. Das Ende war, daß die Römer Karthago besiegten und vernichteten.«

Eisenhower bemerkte dazu: »Jedes Heer braucht Leitbilder, Führerpersönlichkeiten.«

»Das ist schon dreitausend Jahre so«, meinte Montgomery. »Aber wir haben jeden Schritt, jeden Zug, alles fix und festgelegt.«

Die Diskussion schien abzugleiten in die Wichtigkeit von Heerführern, zu denen die Soldaten aufblicken, als man gedämpft das Heulen der Sirenen wahrnahm.

»Luftalarm«, sagte der Sprecher. »Wir begeben uns in die gasdichte Abteilung. Hier ist BBC London. Ladies and Gentlemen, wir wiederholen dieses Interview nach den Spätnachrichten.«

Deng ... deng ... deng ... dong.

Deng ... deng ... deng ... dong.

Der Bordmechaniker meldete die Übernahme von dreitausendzweihundert Liter Flugbenzin und daß sie startklar seien.

»Was macht das Zischen in Motor Nummer zwei?« fragte der Oberst.

»Vermutlich wieder einmal die Dichtung zwischen Zylinder und Motorblock«, vermutete der Oberfeldwebel.

»Legen Sie den Zylinder still, damit uns das Ding nicht zu brennen anfängt oder um die Ohren fliegt«, befahl Oberst Gradl.

»Wir haben die Zündung ausgeschaltet und die Benzinzufuhr abgenippelt. Reparatur ist erst bei kaltem Motor möglich.«

»Dauer der Reparatur?«

»Drei bis vier Stunden, Herr Oberst.«

»Dann fliegen wir eben so weiter. Siebenhundert oder achthundert PS auf einem Motor, das kratzt mich nicht.«

Inzwischen war auch der Hafenkapitän an Bord des Flugzeuges erschienen. Er bedauerte, daß er nur dreitausend Liter Sprit zur Verfügung stellen könnte. »Mehr haben wir nicht. Das nächste Flugspritlager ist Brest, aber da kommen Sie mit Ihrer Spannweite nicht durch die Schleuse.«

»Gibt es dort keinen Hafentanker?«

»Schon, aber die Franzosen weigern sich, in solchen hellen Nächten auszulaufen. Sie erhalten über Funk neue Order, Herr Oberst.«

Vor Mitternacht ließen die Warte die Motoren an, erst die Nummer drei, dessen starker Generator die Anlasser der übrigen Motoren mit Strom bediente. Inzwischen drehte die Pinasse des Hafenkapitäns den Bug des Flugbootes Richtung Fahrwasser.

»Klarmeldung von allen Stationen.«

»Gegenwind drei Knoten.«

Die Kopftemperaturen der BMW-Sternmotoren zeigten Startbereitschaft. Der erste Pilot, Oberst Gradl, schob die sechs Gashebel nach vorn, die Motoren heulten auf, rauschten wie der Sturm vor einem Gewitter, und nach langem Anlauf bis zur Ansteuerungstonne war das Flugboot in der Luft. Kaum auf hundert Meter Höhe, kam der Funkmeister mit der Flugorder. Der Oberst überflog sie, schüttelte nur den Kopf und gab sie an den Navigator weiter.

Dann wandte er sich an den zweiten Piloten, Major Dengler: »Wissen Sie, wo sich das nächste Benzindepot befindet?«

Schon ziemlich müde, antwortete der Major: »Am Arsch, Herr Oberst.«

»Viel schlimmer«, meinte Gradl, »am Bodensee. Schon mal von diesem Arsch gehört?«

Der Navigator hatte die Karte auf den Knien und meinte: »Groß genug zum Landen wäre er.«

Er setzte den kürzesten Kurs nach Deutschland ab. Sie flogen 85 Grad über Paris, dann weiter Richtung Lothringen, Verdun, Metz bis zum Rhein. Zwischen Karlsruhe und Freiburg gingen sie auf Südostkurs 210 Grad und berechneten die Flugzeiten. Die Stoppuhren liefen.

Der Navigator bemühte sich, neutrales Schweizer Gebiet nicht zu berühren. Um 03.25 Uhr sahen sie unter sich in Wolkenlöchern die spiegelglatte Fläche des zweiarmigen Sees im Restlicht der Sterne. Trotz nahezu völliger Dunkelheit – über dem ganzen Reichsgebiet hatten sie kaum ein einziges Licht gesehen – landeten sie und näherten sich vorsichtig dem Nordufer. Im ersten Grau des Morgens glaubten sie, die ersten Häuser von Friedrichshafen zu erkennen. Da erfaßte sie ein Scheinwerferstrahl. Er kam von einem Polizeiboot. Die Besatzung erklärte über Megaphon, daß sie das Flugboot einschleppen wollte, und die

Schleppverbindung kam zustande. So wurde die 222 in ein Hafenbecken neben dem Dampfersteg gezogen. Dort lag ein flugbootähnliches Ungetüm, allerdings mit verhüllten Motoren.

Jetzt ließ Oberst Gradl endlich heraus, was er noch wußte: »Das ist die Do-X. Sie haben sie eingemottet. In den Tanks sollen sich noch 15 000 Liter Benzin befinden. Und die holen wir uns jetzt ab.«

Wegen ihrer Flügelspannweite konnten die Flugboote nur Kopf an Kopf festgemacht werden. Die tüchtigen Dornier-Leute hatten die Schläuche schon ausgerollt, sie brauchten mit den Adaptern der 222 nur noch verbunden zu werden. Dann starteten sie drüben auf der Do-X die Pumpe.

Als Oberst Gradl sie sah, brach er schier zusammen: Angetrieben wurde die Pumpe von einem DKW-Zweitakt-Motor, der aus dem Auspuff Funken sprühte. Da konnte ein einziger das Benzin-Luft-Gemisch zur Explosion bringen. Gradl postierte drei seiner Männer mit den großen Maxi-Max-Feuerlöschern, damit sie jedes Flämmchen sofort einschäumten.

In der ersten Stunde ging alles gut. Laufend meldete sein Mechaniker: »Achttausend Liter ... zehntausend Liter ...«

Über die Tragfläche kam ein Soldat angestiefelt, ein Kradmelder. Er salutierte. »Oberfeldwebel Hügner. Ich soll die Filme abholen.« Er kam von der Bildfunkstelle in Ulm, bekam die Kassetten und sagte: »Bis Sie zu Hause sind, Herr Oberst, liegen die Photos vor.«

»Und wie bringen Sie die nach Norwegen? Mit einer Me-109?«

»Nein, per Bildfunk.«

An Land startete der Melder seine BMW und fuhr davon. Es wurde schon deutlich heller am Osthorizont über Bregenz. Endlich war das Betanken beendet.

»Dreizehneinhalb Tonnen, Herr Oberst«, meldete der Mechaniker.

Die Flugboote machten voneinander los, und die Polizeipinasse zog die 222 wieder ins tiefe Wasser, wo sie sofort startete. Mit warmen Motoren jagte sie über den See, wurde am Bregenzer Ufer aus dem Wasser gehoben und hochgezogen.

Oberst Gradl befahl seinem Navigator den Kurs: »Setzen Sie ab Berlin, Kiel, Kattegat.«

Über Mitteldeutschland beobachteten sie immer wieder einige Flakwölkchen in der Nähe. Vermutlich hatten die Batterien geschlafen und hielten das riesige Ding für einen Feind. Gradl flog jedoch extra so niedrig, daß die Hoheitszeichen zu erkennen waren. Ohne daß die schlafmützige Flak ihn getroffen hatte, erreichte er bei Kiel das offene Meer, allerdings überhitzte einer der Motoren. Gradl stellte ihn ab. Mit fünf konnte die 222 noch fliegen, notfalls auch mit vier.

Vom Kattegat aus überquerten sie die Nordspitze von Dänemark, nahmen Westkurs auf das Skagerrak. Die Küste kam. Bald hatten sie das gebirgige Norwegen unter sich.

»Noch achtzig Kilometer«, meldete der Navigator. »Aber Sturm kommt auf.«

»Wann?« fragte Gradl.

»Ein Islandtief, Herr Oberst.«

»Wann?«

»In zwei Stunden.«

»Bis Mittag sind wir zu Hause«, sagte Gradl.

Der Hagelsturm fegte erst über sie hinweg, als sie bereits im Stavangerfjord gelandet waren. Todmüde nach zweitägigem Einsatz, kletterte die Besatzung in den Bus, der sie zur Unterkunft brachte. Nur für Oberst Gradl war die Operation noch nicht zu Ende. In seinem schwarzen Storch wartete der General der Flieger Norwegen, kurz GFN genannt, auf ihn. Trotz kaum noch zu bewältigender Müdigkeit mußte ihm Gradl erst Bericht erstatten.

Daraufhin zeigte ihm der General drei ziemlich unscharfe Funkphotos. Das erste zeigte das weiße Lazarettschiff *Indian Queen*, das zweite ein Kriegsschiff, das sich gerade einnebelte.

»Das muß der russische Panzerkreuzer *Wozev* sein.«

Das dritte Schiff war ein Hochseeschlepper. Seinem Kielwasser nach hielt er auf den Russen zu.

»Irgendeiner ist hier in Havarie«, meinte Gradl.

»Bestimmt nicht der Russe«, schätzte der General. »Die alten Zossen aus der Zaren-Klasse sind so grob zusammengenagelt, die gehen nie kaputt, die laufen bis ans Ende der Welt. Wenn sie die loshaben wollen, müssen sie sie zersägen.«

Gähnend sagte der Oberst: »Das ist Sache der Abwehr. Das müssen die Leute von Canaris herausfinden.«

Der General brachte Gradl zu seiner Unterkunft. Dieser stieg endlich aus der pelzgefütterten Lederkombi und hatte das Gefühl, die Pelzfasern hätten sich in seiner Haut schon festgewurzelt. Dann duschte er. Aber erst das eiskalte Wasser machte ihn so weit wach, daß er noch bis ins Bett kam.

14

Schon den zweiten Tag wartete der ehemalige Canaris-Agent Max vor dem Golfclub Stonehaven. Endlich kam der graugrüne MG angerollt. Der britische Agent Timothy wollte mit seinem Golfbag im Club verschwinden, da stellte sich ihm Max in den Weg.

»Nicht so schnell, Timothy«, sagte er und warf die Golfausrüstung in den Kofferraum seines Plymouth. In dem amerikanischen Cabrio fuhren sie zu zweit weiter, und Max erklärte: »Besser, man sieht uns nicht zusammen im MG. Zwei Staragenten auf einem Haufen, Mann.«

Er bog auf die Hauptstraße nach Dundee ab. Timothy wollte alles so schnell wie möglich hinter sich bringen.

»OVERLORD«, setzte er an, »bedeutet ...«

»Weiß ich«, unterbrach ihn Max, »die Invasion. Aber wann findet sie statt?«

»Da habe ich wirklich keine Ahnung, Max. Das weiß wahrscheinlich nicht einmal der Erste Lord der Admiralität. Allerdings ging aus einem BBC-Interview hervor, daß sie kommendes Frühjahr stattfinden wird.«

»Wo halten sich die drei Typen auf?«

»Inzwischen sind es sechs«, verbesserte ihn Timothy. »Drei Schauspieler aus Hollywood wurden als die Heerführer Eisenhower, Montgomery und Schukow trainiert und vertreten sie in Uniform und Maske jetzt von Island bis Nordafrika.«

»Eisenhower ist zur Zeit in Reykjavik. Was tut er dort?«

»Die amerikanischen Bomber müssen, wenn sie nach Europa fliegen, in Reykjavik zwischenlanden. Das prüft Eisenhower akribisch. Er kontrolliert ja alles, sogar ob seine GIs saubere Fingernägel haben.«

Auf solche Scherze wollte sich Max nicht einlassen. Er drängte weiter. »Was bedeutet U-238 in den Fässern?«

»Uranoxyd«, erklärte Timothy, »eine Vorstufe für die Uran-Bombe. Das Uran muß noch drei- oder viermal gereinigt werden, dann erhält man Atombombensprengstoff. Die Amerikaner machen das in ihren neu erbauten Fabriken in Oak Ridge im Tennessee-Tal oder in New Mexico bei Los Alamos. Sechs Kilometer lang sollen die Fabriken mit den Reinigungsanlagen sein. Man spricht davon, daß die Amerikaner demnächst in der Wüste den ersten Test vornehmen werden. Und wann machen Sie Ihre Tests, Max?«

Das war purer Hohn, denn auch Timothy mußte wissen, daß Hitler im Grunde den Bau der Atombombe wegen zu hoher Kosten beendet hatte. Für seine Auskünfte wollte jetzt Timothy eine Gegenleistung. »Wohin wurden die Uranfässer gebracht, Max?«

»Vermutlich auf ein U-Boot.«

»Und wohin fährt das U-Boot?«

»Da können Sie sich alle Kanalhäfen aussuchen.«

Bald waren die Geheimnisse ausgetauscht. Max hielt seinen Wagen an und ließ Timothy aussteigen.

»Und wie komme ich jetzt zum Golfclub?« fragte der stets geschniegelte, in sein Golfdress gekleidete Engländer.

»Sechs Kilometer geradeaus rückwärts«, höhnte Max.

»Zu Fuß etwa?«

»Mieten Sie sich doch ein Pferd, Timothy.«

Samt seinem Golfbag ließ ihn Max an der Straße zurück. Er hatte es jetzt sehr eilig, fuhr in sein Haus in den Bergen, um seine Meldung abzustatten. Es gab noch zwei freie Leitungen, eine nach Madrid und eine nach Lissabon. Die Leitung nach Lissabon sei bis Mittag belegt, hieß es. Also sprach er über Madrid. Er mußte dringend den Abwehrchef Canaris erreichen.

15

Der Flugplatz Lupon der Royal Air Force hatte einen Vorteil und einen Nachteil. Der Anflug war flach und ohne Hindernis, aber der Nebel breitete sich oft von London her bis Lupon aus. An diesem Morgen begann er rasch zu fallen. Das Kondensat glitzerte auf Flächen und Rümpfen der abgestellten Flugzeuge. In der Hauptsache handelte es sich um drei Typen: die Spitfire als Jäger, die zweimotorige Mosquito als Aufklärer-Bomber und die Doppelrumpf-Lightning ebenfalls als Aufklärer. Diese Maschine wurde vom Feind gefürchtet, die Deutschen nannten sie den Doppelschwanzteufel.

Noch während des Frühstücks briefte der Wing Commander Nisson seine Piloten. »Jedes ein- und auslaufende U-Boot ist wichtig. Ebenso die in den Häfen liegenden Boote, soweit sichtbar. Besonders zu achten ist auf Decksladung, bestehend aus gelben 200-Liter-Fässern. Die Spitfires nehmen die nördlichen Häfen bis Brest. Alles, was südlich der Bretagne liegt, machen die Aufklärer. Erwarte Ihre Rückmeldung über Funk. Alles Gute und viel Glück.«

Von der Schwadron starteten sieben Maschinen. Nach einer Flugzeit von etwa fünfundvierzig Minuten kamen die Funksprüche herein.

»Bis jetzt nur einlaufende U-Boote.«

»Decksfracht?«

»Keine Decksfracht.«

»Boote im Hafenbecken von Brest und St. Nazaire: offene Luken. Boote werden ausgerüstet.«

Daraufhin erließ der Wing Commander den Rückkehrbefehl bis zum Eintreffen der Ablösung.

Das deutsche U-Boot mit der Code-Nummer U-566 pflügte mit hoher Fahrt den Golf von Biskaya mit Kurs 330 Grad.

Zwischendurch meldete der Obersteuermann dem Kommandanten immer den Standort. »Wir stehen jetzt auf 44 Nord, Herr Kaleu.«

»Dann muß er gleich auftauchen.«

Die vier Brückenausgucke wurden zu erhöhter Wachsamkeit verdonnert. Doch dann meldete der Mann am Kristalldetektor das erste Fahrzeug. Sie liefen darauf zu und erkannten den typischen portugiesischen Fischkutter. Langsam lief er vor Netz und gab sich dann zu erkennen. Beide, das U-Boot und der Kutter, legten nebeneinander bei Fender an, und mit seinem Querbaum, mit dem er die vollen Netze aus dem Wasser holte, schwenkte der Portugiese eines der gelben Fässer nach dem anderen an Deck von U-566. Dort wurde die Fracht festgemacht. Die Fahrzeuge trennten sich wieder. Mit hoher Fahrt nahm das U-Boot Nordwestkurs auf Lorient zu, während der Kutter weiter seine Heringe fischte. Ein paar von den frischen Fischen hatte der Smutje in seine Kombüse genommen und richtete sie zum Mittagessen her.

Wenig später meldete der Mann am Kristalldetektor, der auch anfliegende Flugobjekte registrierte, eine Maschine.

»Klarmachen zum Tauchen«, befahl der Kommandant und stieg ein.

Nach einer Flugzeit von knapp zwei Stunden luden sie ihre tödliche Fracht ab und zerschmetterten alles, was nicht rechtzeitig in die Bunker entwischte. Die Organisation Todt hatte die U-Boot-Bunker mit vier Meter dicken, absolut bombensicheren Decken aus Stahlbeton versehen. Es wurden also nur jene Boote zerstört, die noch im Freien lagen oder nicht rechtzeitig in den Bunker kamen. Unter anderem gab es auch einige schwerbeschädigte Heckteile.

An diesem schwarzen Donnerstag meldete das Bomberkommando vierzehn weitere zerstörte U-Boote, und ihr Captain nahm sich vor, für einen späteren Anflug in den Abendstunden noch einmal nachzuladen. Insgesamt hatte dieser Tag mehr deutsche U-Boote und Besatzungen gekostet als ein Großangriff auf einen Konvoi im Atlantik.

Noch tagelang hingen die schwarzen Explosionswolken über der Küste.

16

Beim Chef der deutschen Abwehr, Admiral Canaris, trafen die verantwortlichen Männer zu einem Spitzengespräch zusammen. Die Runde bestand meistens aus sechs Personen: Canaris und sein Stellvertreter, ein Admiral der Marine, ein General der Luftwaffe, ein hoher SS-Offizier der Kommandogruppen und ein Mann vom Rüstungsministerium.

Der Chef der Einsatzgruppe erhob sich nach längerem Gespräch. »Meine Herrn, für uns gibt's wohl nichts mehr zu tun. Ihre Spitzenagenten haben Sie ja auf die drei Köpfe angesetzt, Canaris. Wir hätten das Sonderhonorar von einer Million Mark pro Kopf gerne für unsere Kasinokasse verdient – notfalls hätte ich auch das Rittergut in Polen genommen.«

Noch ein Schluck Kaffee, Händeschütteln, und die fünf Männer waren allein.

»Bis heute ist kein einziges Faß Uranoxyd zu uns gelangt«, äußerte der Mann vom Rüstungsministerium mißbilligend. »Und wer die Fässer hat, können wir uns ja vorstellen. Die Amerikaner brauchen keine mehr, die Engländer verfahren nach einer anderen Methode.«

»Also die Russen«, warf Canaris ein.

»Sind die denn überhaupt in der Lage ...?«

»Die haben doch selbst genug Uran in Sibirien und im Uralgebirge.«

»Sie müssen das anders betrachten«, sagte der Mann vom Rüstungsministerium. »Nehmen Sie ein Hühnerei. Es wird bebrütet, das Küken schlüpft aus, wird dick und rund gefüttert und irgendwann geschlachtet und gebraten. Das dauert monatelang. Aber aus Uranerz Uranoxyd zu machen, das dauert jahrelang, und man muß das Verfahren beherrschen.«

»Das wollen die Russen übergehen.«

»Aber noch ist es ein weiter Weg«, meinte der Mann von der Rüstung.

»Das Uranoxyd muß hochrein gefiltert werden. Dazu benötigten die Amerikaner Jahre.«

»Die Russen wollen eine neuartige Zentrifuge einsetzen«, bemerkte Canaris.

Der Admiral von der Marine lehnte sich zurück, drehte seine brennende Zigarre zwischen den Lippen und sagte: »Und wie bringen sie das Giftzeug nach Murmansk?«

»Das kriegen wir noch raus«, versprach Canaris. »Ich setze jetzt alle Spürhunde in England an. Unsere Leute kennen sich dort aus, sind geborene Engländer und haben schon vom Bristolkanal bis Schottland gearbeitet.«

Die Runde erging sich in strategischen Überlegungen, bis der Admiral sich empfahl: »Ich muß das alles Dönitz berichten.«

Der Stellvertreter von Canaris telefonierte mit dem Funkraum, legte aber enttäuscht den Hörer wieder auf. »Weitere schwere Bombenangriffe auf die Kanalhäfen, sonst nix Neues.«

»Verdammt, das genügt mir eigentlich«, fluchte Canaris. »Und was meldet Max?«

»Hier haben wir Kontakt um Mitternacht.«

Die Runde löste sich auf, aber die Männer gingen mit sorgenschweren Gesichtern in ihre Büros an ihre Schreibtische.

Im Fährhafen von Dundee wartete Max schon den ganzen Tag auf seinen Kollegen James. Und dann hätte er ihn fast nicht erkannt. James sah mit Pepitahut und einem Geigenkasten unter dem Arm aus wie ein ganz normaler Tourist.

Max ging von hinten auf ihn zu, berührte ihn an der Schulter. »Hallo, James.«

Der Agent war viel zu abgebrüht, um zu erschrecken. »Dachte, du bist ausgestiegen, Max.«

»Kleine Sonderaufgabe«, sagte der Canaris-Ex-Mann. »Was hast du in dem Geigenkasten? Deine Stradivari?«

James nickte. »Sofern man ein Fernglas, kombiniert mit einem Präzisionsgewehr, als Musikinstrument bezeichnen kann.«

»Das mußt du wegwerfen«, riet ihm Max und begann ihn aufzuklären. »Es geht um zwei größere Fahrzeuge. Sie haben sich vermutlich von den Azoren nach Schottland begeben. Wir wissen aber nicht, in welchen Hafen.«

»Wir haben doch Fernaufklärer.«

»Die konnten auch nichts finden.«

»Um welche Schiffe handelt es sich?«

Max holte weit aus. »Das erste ist ein weißes Lazarettschiff, jetzt unter schwedischer Flagge, Name *Indian Queen*. Sie hat aber auch Kriegsmaterial geladen.«

»Woher weißt du das?«

»Da hat mal einer kurz nachgeguckt«, fertigte Max ihn ab. »Und bei dem zweiten müßte es sich um den russischen Panzerkreuzer *Wozev* handeln. Möglicherweise haben beide Schiffe hochbrisante Ladung. Also sieh zu, James, daß du sie findest.«

Der Canaris-Mann James reiste eine ganze Woche lang in Nordschottland umher, suchte die Häfen ab, ohne die zwei Schiffe zu entdecken. Mit der Fähre fuhr er sogar hinaus zu den Orkneys, weil viele hochseegehende Schiffe vor Hoy Schutz suchten. Aber auch da lagen nur amerikanische Fregatten, Kreuzer und U-Boote. Jedoch auf der Rückfahrt zum Festland hatte James Glück. In einer Schiffahrtszeitung fand er folgende Anzeige: »Schwedisches Lazarettschiff sucht noch medizinisches Personal sowie Pfleger. Interessenten melden sich bitte beim Hafenkapitän in Thurso.«

Für James war das ein deutlicher Hinweis. Mit dem Nachtschnellzug fuhr er von Inverness nach Norden. Tatsächlich lagen im Hafen von Thurso unter Tarnnetzen ein weißes Lazarettschiff mit schwedischer Flagge und ein russischer Panzerkreuzer ältester Bauart.

Die kleine Stadt war an einen Hang gebaut. James mietete sich ein Zimmer in einem freistehenden Haus, wo draußen ein Schild *Bed and Breakfast* hing. Vom Balkon aus hatte er einen fabelhaften Überblick.

Der Schwede wurde beladen. Meist weißgekleidetes Personal eilte von den Decks an Land und zurück, während sich bei dem Russen gar nichts tat. James wartete die Nacht ab. Wiederum keine besonderen Ereignisse. Doch vierundzwanzig Stunden später verholten Hafenschlepper das große Lazarettschiff – vermutlich war es ein ehemaliger Luxusdampfer – an die Backbordseite des Russen. Mit dem schweren Hebezeug des Schweden wurden Kettenfahrzeuge entladen, am Oberdeck des Panzerkreuzers abgesetzt und verzurrt. Zwei Dutzend Halftracs, schätzte James, sowie Shermans. Das war aber noch nicht alles. Mit Transportnetzen, deren Geflecht aus armdicken Tauen bestand, wurde Material aus den Laderäumen der *Indian Queen* auf den Russen verladen. Das Fernglas beseitigte bei James jeden Zweifel: Es handelte sich bei jeder Netzladung um etwa zehn gelb gestrichene Blechfässer. Die Drums wurden sofort in die Deckung der Aufbauten des Russen gerollt. Nach drei Netzen gingen alle Lampen aus. Am nächsten Morgen konnte James noch beobachten, daß der Russe aus einem Kohleleichter etwa zehn Tonnen Kohle übernahm. Am Nachmittag legte die *Indian Queen* ab und verließ den Hafen.

Auf einem seiner Spaziergänge betrat James abends auch eine Hafenkneipe. Dort erfuhr er, daß der Russe wohl noch einige Tage in Thurso bleiben würde. Er hatte Havarie am Kondensator.

James war klar, daß mehr nicht zu erfahren war.

Am Morgen spazierte er zur Post und meldete ein Ferngespräch nach Stockholm an. Nach einigen Stunden kam die Verbindung zustande. Die Teilnehmerin sprach James als seine Schwester an, bedankte sich für den vorzüglichen Schinken in den gelben Dosen und kündigte ihr den Gegenbetrag als Überweisung an. Pro forma sprachen sie noch über den Gesundheitszustand von Vater und Mutter.

Beim Verlassen des Postamtes wurde James von einem Zivilisten angehalten, der sich als Polizeibeamter auswies. Der herrschte ihn an: »Was haben Sie da mit Stockholm telefoniert?«

»Meine Schwester ist Verkäuferin in einer Metzgerei. Sie schickt mir ab und zu Dosenschinken.«

»Und was treiben Sie hier, Mister ...«, er blätterte in dem Paß, »Mister Berringson?«

»Ich bin Reporter.«

»Und was reportieren Sie?«

»Die Baseballspiele zwischen den Amerikanern und uns.«

»Da verlieren wir doch ständig.«

»Klar. Baseball spielen die Amerikaner schon mit vier Jahren. Dafür gewinnen wir beim Football.«

»Nehmen Sie künftig Ihre polizeiliche Anmeldung mit und Ihre Arbeitserlaubnis«, knurrte der Polizeibeamte und ließ James gehen.

Der setzte sich in den nächsten Zug nach London. In der Hauptstadt wurden Einzelpersonen weniger scharf überwacht. Von dort rief er sofort Max in Irland an.

»Klingt gut«, sagte Max. »Vielmehr … es klingt verdammt schlecht.«

17

Der Befehlshaber der U-Boote hatte im wesentlichen drei Zentralen, in denen er sich aufhielt. Entweder in Berlin, in Paris oder in Lorient.

Etwas außerhalb von Lorient gab es ein Schlößchen, das einem Fischfabrikanten gehörte, deshalb nannten sie es Sardinenschlößchen.

Über den großen Tischtennistisch gebeugt, der mit Seekarten belegt war, deutete Dönitz auf die Hafenstadt in Nordschottland. »Hier liegen sie also. Vermutlich an die Steilküste geduckt und mit Netzen getarnt, deshalb konnten unsere Aufklärer sie nicht finden. Der Schwede ist ausgelaufen. Mit Sicherheit zum Kriegsschauplatz in Nordafrika, vorher hat er an den Russen die Uranfässer übergeben.«

»Der Russe hat Kondensatorschaden«, bemerkte einer der Stabsoffiziere. »Die alten Dampfmaschinen der Schiffe aus dem Ersten Weltkrieg, Zaren-Klasse, schlagen den Dampf, nachdem er seine Arbeit geleistet hat, zu Wasser nieder und erhitzen es wieder. Seewasser würde die ganze Maschinenanlage binnen kurzem völlig ruinieren.«

»Vermutlich ist der Kondensator verdreckt oder undicht. Die Reparatur wird ein paar Tage dauern.«

Der Großadmiral sprach jetzt das Thema Bekohlung an: »Normalerweise geben die Russen keinen Dollar der Hilfsgelder unnötig aus.«

Der IA kombinierte: »Der Iwan wird sich auf den Weg nach Murmansk begeben. Auf halbem Weg dorthin, in Spitzbergen, besitzen sie Kohlegruben. Dort kann er sich holen, soviel er braucht.«

Der Großadmiral zeichnete auf der Seekarte den kürzesten Weg von Nordschottland, an Island vorbei bis Spitzbergen ein. »Da muß er zwischen den Shetland- und den Orkneyinseln durch.«

»Dort müssen wir ihn kriegen. Parole lautet: Versenkt Panzerkreuzer *Wozev.*«

Sofort ließ der Großadmiral eine Liste derjenigen U-Boote aufstellen, die noch genügend Treibstoff und Torpedos an Bord hatten. »Jedes Boot, das binnen zweiundsiebzig Stunden das Seegebiet bei 6O Nord und 2 bis 4 West erreichen kann, wird sofort mit AK dorthin laufen.«

»In Frage kommen ungefähr sechs Boote.«

»Das ist mir zuwenig«, wetterte der BdU und hatte schon einen weiteren Gedanken.

Der Verbindungsoffizier zur Luftwaffe erlaubte sich eine Frage: »Warum fliegen wir nicht hin mit allem, was wir haben, und bombardieren die *Wozev*?«

Der BdU blickte der Reihe nach die Männer an und sagte dann leise, als verrate er ein Geheimnis: »Die Ladung der *Wozev* ist verheerender als alles, was wir an Giftgas kennen. Sie darf also, wenn überhaupt, nur auf dem offenen Meer versenkt werden, denn auch wir haben die Haager Konventionen unterzeichnet. Danach gibt es keine Gefechte mit chemischen Mitteln.«

»Und was, bitte, Herr Großadmiral, haben die Russen geladen?«

Nach kurzer Pause und längerem Räuspern antwortete der BdU: »Falls Sie schon jemals von Uran 238 gehört haben ... Wenn man das über das Festland verstreut, dann sterben ganze Regionen.«

Damit war das Thema vom Tisch, und der Chef zog sich in sein Arbeitszimmer zurück, um noch einige Befehle auszuarbeiten. Er schrieb auf ein Blatt Papier: »An alle. Versenkt mir Panzerkreuzer *Wozev.*«

18

Zweitausend Kilometer nördlich von Lorient verließ Korvettenkapitän Laurin das Kasino der Seeoffiziersschule Flensburg-Mürwik. Er hatte gut gefrühstückt – Rührei, Toast und Kaffee – und begab sich auf den Weg zum Hörsaal seines Semesters. Vor ihm in dem langen Korridor ging ein Leutnant mit einem nagelneuen goldenen Ärmelstreifen. Man hatte ihn also erst vor kurzem befördert. Laurin erkannte den Mann an seinem schlenkrigen Gang, er holte ihn ein, legte ihm die Hand auf die Schulter und sagte erfreut: »Hallo, Obersteuermann, was tun Sie hier? Gratuliere übrigens zur Beförderung.«

Sein Ex-Obersteuermann Leidig erklärte ebenso erfreut, aber kurz: »Sie suchten hier dringend einen Dozenten für Astronavigation. Und da man die jungen U-Boot-Offiziere nicht von einem Oberfeldwebel unterrichten lassen wollte, hat man mich schnell zum Leutnant gemacht. Ich bringe ihnen jetzt bei, daß es neben Nordsternbreite und Chronometerlänge auch noch bessere Methoden gibt, um den Standort zu bestimmen.«

»Bei gutem Wetter«, unterbrach ihn Laurin.

»Nein, auch bei schlechtem Wetter. Mit dem neuen Sold-Sextanten.«

»Was'n das?« erkundigte sich Laurin.

Der Leutnant versuchte, es seinem Ex-Kommandanten so einfach wie möglich zu erläutern. »Sie müssen sich einen Schuhkarton aus Blech vorstellen. Vorne ist ein Okular, und hinten ist ein Okular. Man holt den Stern oder die Sonne herunter zum Horizont. Der wird künstlich gebildet durch eine Libelle, von einem Uhrwerk interpoliert.«

»Ein Wunder der Technik«, spottete Laurin.

Sie hatten ihre Hörsäle erreicht.

Laurin hielt Leutnant Leidig noch am Revers fest. »Was macht unser Boot?«

»Bei dem großen Liberator-Angriff«, bedauerte Leidig, »gab es im Keroman-Bunker ein Gedränge. Wir kamen nicht ganz hinein. Am Heck haben uns ein paar Splitter erwischt, aber die französischen Werftgrandis haben sie zugeschweißt und dunkelgrau gepönt.«

»Bis später«, sagte Laurin.

Nach kaum zwei Stunden Unterricht kam eine Lautsprecherdurchsage: »Alle noch aktiven U-Boot-Offiziere um 10 Uhr 30 ins Kasino Nummer zwei.«

Das große Kasino war auch der Filmvorführraum, und in den roten Clubsesseln nahmen etwa dreißig U-Boot-Offiziere Platz. Einer meinte: »Die werden uns doch keinen Film mit Marika Rökk antun?«

Der Vorhang schnappte auf. Über die Leinwand lief eine japanische Wochenschau. Und ein deutscher Sprecher sagte dazu: »Jetzt folgt eine Ansprache des Kaisers Hirohitu.«

Das Gesicht des alten, faltigen Mannes wurde gezeigt. Er hatte Tränen in den Augen. Leise begann er: »An das japanische Volk, unsere Nation, alle meine Brüder und Schwestern. Das Reich steht im schlimmsten Krieg seines Bestehens. Nur mit den äußersten Mitteln können wir dem Feind widerstehen. Da möchte ich an unsere glorreiche Geschichte erinnern, als Ritter für ihre Herren auch den Tod nicht scheuten, um die Schlacht zu gewinnen: die Samurai. Ihnen wollen wir nacheifern. Ich rufe alle freiwilligen Piloten auf, sich mit ihren Zero-Jägern auf die amerikanischen Großschiffe zu stürzen und sie zu vernichten. Wir werden die Jäger mit der größten Bombe bestücken, die wir besitzen. Der todesmutigen Kämpfer, der Kamikaze, und ihrer Tapferkeit werden wir immer gedenken und in unseren Tempeln ewige Lichter für sie entbrennen.«

Die Wochenschau zeigte noch die Angriffe der Kamikaze mit den weißen Seidenbinden um die Stirn im rasenden Abwehrfeuer der Amerikaner.

Trotzdem hatten die Kamikaze in den letzten Wochen neun amerikanische Riesenschiffe, sechs Flugzeugträger und drei Schlachtkreuzer auf diese Weise versenkt.

Als der Film zu Ende war und das Licht anging, betrat ein hoher Offizier die Bühne und sprach ins Mikrophon: »Ich verlese hier einen Brief. Der Oberbefehlshaber der Marine hat mich beauftragt, Ihnen folgenden Befehl mitzuteilen, daß Kamikazeeinsätze für die deutschen Soldaten nicht in Frage kommen. Wir werden auch mit Mut, Tapferkeit und Ausdauer den Sieg fürs deutsche Vaterland erringen.

Ihr D.«

Der Kapitänleutnant neben Laurin sagte: »Und was machen eigentlich unsere Rammjäger und unsere Ein-Mann-Torpedos? Darf man danach fragen?«

»Nein«, sagte Laurin, »das darf man nicht fragen und auf keinen Fall so laut.«

Kaum war Laurin in seinem Quartier, kam ein Läufer und brachte einen roten Umschlag. Laurin riß ihn auf. Er enthielt einen Gekados-Befehl:

»Eintreffen sofort auf Ihrem Boot. Kommandoübernahme. Flugzeug wartet in Flensburg-Horst.«

In höchster Eile packte Laurin das Nötigste in seinen »schnellen Koffer«. Ein VW-Kübelwagen brachte ihn von

Mürwik durch die Stadt zum Fliegerhorst, dort stand eine in zivilem Silber lackierte, einmotorige Reisemaschine, die He 70, wegen ihrer modernen Stromlinienform auch Heinkelblitz genannt. Der Fahrer trug den Koffer in die Kabine.

Als Laurin einstieg, stand eine bildhübsche Blondine in der Tür und stellte sich vor: »Ich bin Hilda, Ihre Pilotin.«

Das hatte sie so ausgesprochen, daß sie offenbar starken Wert darauf legte, nicht Hilde genannt zu werden.

»Lufthansa?« fragte Laurin, denn er hatte die Goldstikkerei, den Kranich, an ihrer Jacke erkannt. Dann nahm er in der Kabine Platz, aber da saß schon einer. »Leutnant Leidig! Mann, wo kommen Sie denn her?«

»Mich hat das Motorboot über die Förde gebracht. Bin Ihnen vermutlich als Navi zugeteilt.«

Der Motor der He 70 wurde angelassen. Bei der Flugleitung schossen sie mit einer grünen Rakete die Startfreigabe.

»Seit wann fahren Sie eigentlich mit mir?« fragte Laurin, obwohl er es genau wußte.

»Seit Anfang an, Herr Korvettenkapitän.«

Laurin grinste. »Dann dürfen Sie von jetzt an Chef zu mir sagen. Ist nicht so umständlich.«

»Zu Befehl, Herr Chef.«

Sie flogen über Norddeutschland in dichtem Nebel bis Paris.

Nach einer halben Stunde etwa erschien Hilda in der Kabine. »Darf es ein Kaffee sein?« fragte sie.

»Lieber ein Cognac.«

Sie verschwand wieder hinter ihrer Steuersäule.

Die Neugier des Navigators war verständlich.

»Warum soll denn der alte Russenzossen, bei dem die Nieten schon wegrosten, unbedingt versenkt werden?«

Kapitän Laurin weihte ihn ein, soweit ihm das möglich war. »Der Panzerkreuzer hat die gelben Fässer an Bord.«

»... die wir in der irischen Bay übernehmen sollten.«

»Und außerdem hat er weitere Dutzende gelber Fässer von der *Indian Queen* übernommen.«

Bevor die Frage kam, ob da vielleicht Lackfarbe drin sei, sagte Laurin: »Die Fässer enthalten gereinigtes Uran. Das braucht man für die Herstellung der Atombombe. Die Amerikaner haben genug davon. Jetzt kommt der freie chilenische Überschuß auf den freien Markt. Natürlich läßt sich mit Uran 238 die Bombe noch nicht herstellen. Es muß so ungefähr noch tausendmal gereinigt werden.«

Leidig verstand es, verstand es aber auch wiederum nicht. »Urangruben haben wir doch selbst genug in Schlesien. Und an der Atomspaltung arbeiten wir auch.«

»Nicht mehr«, schränkte Laurin ein. »Führerbefehl. Um aus Uran 238 bombenfähiges Uran zu machen, haben die Amerikaner kilometerlange Fabriken gebaut, mit Reinigungsfolien und Zentrifugen. Dann gewinnt man vielleicht aus hundert Kilo Uranoxyd ein Gramm spaltbares Uran. Um das bei uns in Deutschland zu erstellen, hätte das die Kosten und Arbeitskräfte von einem Jahr Rüstungsproduktion gekostet, das weiß ich von einem Experten aus dem Rüstungsministerium. Und keiner der Wissenschaftler wollte garantieren, ob hinterher auch die Atombombe dabei herauskommt.«

»Die Amerikaner haben sie angeblich fertig.«

»Die Engländer basteln daran. Und jetzt noch die Russen. Deshalb darf das Vorprodukt niemals in ihre Hände gelangen. Denn selbst wenn man das Uranoxyd mit normalen Artilleriegranaten verschießt oder Bomben damit abfüllt, ist die Verseuchung unwahrscheinlich groß.«

»Das verstößt gegen Verträge«, sagte Leidig. »Den Haag und so weiter.«

Da mußte Laurin kurz auflachen. »Wen interessiert in einer solchen Kriegslage schon Papier? Aber wir müssen davon ausgehen, daß alles in Europa verfügbare Uranoxyd sich an Bord des russischen Panzerkreuzers befindet.«

»Und der darf nie Murmansk erreichen.«

»Nach dem Willen unserer Führung unter gar keinen Umständen.«

Ungefähr schien Leidig jetzt zu wissen, wo es langging. Daraufhin brauchte er noch einen Doppelten. Leise hörte er Laurin sagen: »Man stelle sich vor: In einer Menge Atomsprengstoff, so groß wie ein Streichholzkopf, steckt so viel Energie, daß man Riesenschiffe wie die *Bremen* oder die *Europa* damit um die Welt fahren lassen kann. Eine Million mal so viel wie in TNT.«

Entweder flogen sie jetzt höher, oder die Wolkendecke war aufgerissen. Der Brandy war so klasse wie die Pilotin.

»Mit Eis?« rief sie.

»Ohne. Dafür etwas mehr.«

Gegen Mittag riß der Himmel über Frankreich noch weiter auf, und an der Küste, als sie an ihrem Ziel in Lorient ankamen, war der Himmel blau. Das Fahrwerk rumpelte heraus. Leutnant Leidig wurde samt Gepäck auf ein Motorrad mit Beiwagen verladen. In der Mercedes-Limousine saß der Befehlshaber der U-Boote Frankreich, Admiral Loos. Der setzte anhand von Karten Laurin kurz ins Bild.

»In diesem schottischen Hafen hier liegt der russische Panzerkreuzer *Wozev*. Er hat etwa achtzig Fässer Uran an Bord. Die dürfen nie Rußland erreichen. Der Russe geht in den nächsten Stunden in See, wartet nur noch auf einen Kondensator, hat aber schon Dampf aufgemacht. Vermutlich stößt er zwischen den Hebriden und den Shetlands auf den nach Norden laufenden Konvoi, um sich dort ein bißchen zu verkrümeln. Er muß aber unbedingt versenkt werden.«

Laurin schob die Mütze ein Stück höher und Admiral Loos räumte seine Zweifel aus. »Der Russe wird Spitzbergen zum Kohlen anlaufen, das steht fest. Bis dahin müssen wir ihn haben.«

»Bin ich das einzige Boot?« fragte Laurin.

»Nur eines unter sechs.«

Als Laurin im U-Boot-Bunker über die Gangway an Bord federte, scholl ihm ein Hurra der Mannschaft entgegen. »Klarmachen zum Auslaufen«, befahl er.

»Boot ist klar«, meldete der I WO.

In der Zentrale brüteten sie, Laurin, der I WO und Leidig, über den Karten.

Laurin hatte schon einen Plan. »Wir müssen versuchen, bis zum Kap Hague zu kommen. Ab Brest kann uns dann die Luftwaffe schützen. Wann haben wir Flut?«

»Von Mitternacht an«, hatte Leidig berechnet. »Dann schiebt sie uns durch den Ärmelkanal.«

»Mit gut vierundzwanzig Knoten kommen wir sogar über Wasser da durch.«

Leidig sagte: »Das ist zwar ein Massengrab von Frachtern und Wracks, gespickt mit Minenfeldern, doch eben kam ein Funkspruch herein.«

Laurin überflog ihn. Er stammte von der 38. Minensuchflottille. Sie wollten ab 23 Uhr Weg Rot bis Dieppe minenfrei räumen.

»Wollen es hoffen«, bemerkte der I WO.

Nach einigen Zwischenfällen mit alliierten Fernaufklärern, die sie zum Alarmtauchen zwangen, gingen sie bei Brest um etwa 90 Grad auf Ostkurs.

Der LI kam vorbei und meldete: »Boot ist auf sechzig Meter absolut dicht.«

»Das spart uns das Prüfungstauchen.«

Auf dem Zickzackkurs durch den Pas de Calais hielt nicht nur ein Mann den Atem an, auch wenn Scheinwerfer aufblitzten. Doch ihre rasante Überwasserfahrt wurde von den Engländern offenbar nicht bemerkt. Immerhin sparte das U-Boot durch dieses mutige Abschneiden mehr als eintausendfünfhundert Seemeilen durch die Irische See um Schottland herum. Als an der Küste die Umrisse von Ostende und Vlissingen sichtbar wurden, waren alle erleichtert.

Laurin, der seine Besatzung noch immer nicht über diesen kriegsentscheidenden Einsatz unterrichtet hatte, sagte zu Leidig: »Jetzt neuen Kurs absetzen, Navi.«

»Und wohin, Chef?«

»Norwegen.«

»Ist'n langer Darm, Chef.«

»Kristiansand oder Stavanger zwecks Ölübernahme«, deutete Laurin an und sagte, er wolle sich für eine Stunde aufs Ohr hauen.

Der I WO hatte Befehl, bei der geringsten Begegnung, seien es Schiffe oder Flugzeuge des Gegners, sofort zu tauchen.

Laurin sprach mit dem Navigator: »Wir laufen jetzt die norwegische Küste hinauf auf dem minenfreien Weg bis etwa 80 Grad Nord. Wecken Sie mich eine Stunde vorher.«

Der Korvettenkapitän legte sich auf seine Koje, fand aber keinen ruhigen Schlaf. Außerdem hatte er das Gefühl, daß die Diesel nicht einwandfrei liefen. Prompt kam der Leitende in sein Schapp.

»Wir haben schon alles untersucht, Herr Kapitän. Es muß an den Treibstoffiltern liegen.«

Laurin fluchte leise. »Verdammt, es kann ja auch nichts glattgehen. Lassen sich die Filter auf See reinigen?«

Der Leitende, bewährt als erstklassiger U-Boot-Ingenieur, zögerte. Daraufhin prüfte der Kommandant den Standort anhand der Seekarte. Rasch fällte er seine Entscheidung. »Einlaufen Stavangerfjord.«

»Ohne Fjordlotsen?« fragte Leidig besorgt

»Wir machen an der Lotsenstation fest.«

Sie wechselten Kurs von Nordwest auf Nordost. Bald tauchte die bergige Küste im diffusen Licht der Mitternachtssonne auf, und knapp eine Stunde später machten sie am Steg bei der Lotsenstation fest. Dort lag schon ein U-Boot mit zerschossenem Turm, die 8,8-cm-Flak-Kanone hatte es aus der Pivotierung gerissen.

Vom Turm herab winkte ein Mann mit weißer Kommandantenmütze. »Hallo, ihr Seeräuber, ich komme runter.«

An Deck besprachen sich die beiden Kommandanten. Kapitänleutnant Schöppke mit dem rotsprießenden Bart und der spitzen Nase galt als Draufgänger, doch er wirkte stark mitgenommen.

»Auf neunzehn Ost, sechsundsiebzig Nord bekamen wir den Russen in Sicht. Ein uraltes Monster, sag' ich dir. Ich habe ihn sofort mit einem Viererfächer beschossen. Zwei Grundläufer und ein Fehler. Aber ein Aal traf ihn genau ins Herz. Ich sehe die Detonation aufblitzen, Bordwandmitte, und komme aus der Verblüffung nicht mehr klar: Der Russe hat keinen Schaden erlitten und läuft weiter mit ungefähr fünfzehn Knoten. Darauf wende ich mein Boot zum Heckschuß, tauche auf, um mit Diesel zu entkommen. Der Hecktorpedo geht raus. Treffer – und wieder keine Wirkung. Nur bei uns. Durch das Nebelgrau beschießt uns der Panzerkreuzer mit Artillerie. Darin waren die Russen ja immer großartig. Eine Granate trifft meine Brücke und zerdeppert sie. Die zweite Granate haut die 8,8 um. Vorsicht vor diesem Russenburschen. Das ist ein totaler Hinterfotz.«

»Und er fuhr weiter?« vergewisserte sich Laurin.

»So, als hätte nur kurz mal einer gehustet«, bestätigte Schöppke.

Inzwischen reinigten die Maschinisten die zwei Hauptfilter. Pfundweise holten sie den Dreck heraus. Etwa eine halbe Stunde später meldete der LI Klarstand.

»Was war das für ein Dreck?« wollte Laurin wissen. »An den 30 Tonnen aus Kristiansand liegt es doch nicht?«

»Französischer«, vermutete der LI. »Stammt noch aus Lorient.«

»Wie kommen Sie darauf, LI?«

»Französisches Zigarettenpapier und handgeschnittener Tabak waren drin.«

»Haben die denn keine Filter?« Schulterzuckend antwortete der LI: »Sabotage.«

Laurin wendete das Boot Richtung Fjordeinfahrt.

Der Kommandant des anderen Bootes schrie hinter ihnen her: »Gute Heimfahrt, ihr Banditen!«

Ja, schön wär's, dachte Laurin.

In der Zentrale besprach er sich mit dem Navi. »Wir rauschen rauf bis 80 Nord. Das sind tausend Kilometer.«

»Bis morgen früh müßten wir querab Spitzbergen stehen.«

Laurin nahm den Stechzirkel und fuhr mit ihm die gedachte Kurslinie entlang. »Wir kommen also aus Osten. Zwischen der Edgeinsel und der Barentsinsel dampfen wir weiter in den Freemansund. Noch ein Stück gradeaus weiter kommen das Bergwerk und die Kohleverladestelle Longyearbyen. Dort liegt es, das Monster, oder es kommt in nächster Zeit. Und genau dort werden wir warten.«

»Frage Eisgang«, wollte der I WO wissen.

»Treibeis, habe ich von Schöppke gehört. In den Buchten schiebt es Wind und Seegang zu Packeis zusammen, aber nicht sehr dick. Höchstens zwanzig Zentimeter. Da kommen wir immer durch.«

Da sich in den nächsten zehn Stunden wohl nicht viel ändern würde, keine Bomber der Royal Air Force – so weit flogen die Engländer nicht hinauf, und der Küstenweg war von Minen freigeräumt –, begab sich Laurin wieder in seine Koje. Aber an Schlaf war nicht zu denken.

19

An den Fronturlauber-Expreß Berlin–Athen hatte die Reichsbahn einen Sonderwagen angehängt. Es handelte sich um einen Waggon aus dem Salonzug der Regierung, er hatte mehrere Schlafzimmer, einen großen Besprechungsraum, Küche und Vorratskammern.

Im Rauchzimmer trafen sich die Inder, Subhas Chandra Bose und einige seiner Mitarbeiter. Der Revolutionsführer machte einen deprimierten Eindruck.

Sein erster Sekretär Mahindra übernahm für ihn den Vortrag. »Gentlemen«, begann er, »man hat uns praktisch nach Hause komplimentiert.«

»Man könnte sagen«, wurde eingeworfen, »anständigerweise.«

»Dieser Salonwagen bringt uns und unsere Familien bis Griechenland. Ribbentrop hat uns sogar Diplomatenstatus verliehen. In Piräus wartet ein neutrales Schiff unter Schweizer Flagge. Wir hoffen, damit bis Bombay zu kommen. Durch Ägypten, den Suezkanal und das Arabische Meer.« In der ganzen Zeit hielt Mahindra einen Aluminiumkoffer auf den Knien, den er zu bewahren schien wie einen Königsschatz. »Wir besitzen alle Papiere und Vereinbarungen mit den Deutschen, die uns nicht belasten. Wie Sie wissen, wollte uns Hitler mit seinen Truppen zu Hilfe eilen, damit wir das britische Regime in Indien abschütteln können. Aber aus der angepeilten Souveränität wird wohl nichts werden. Montgomery hat Rommel aus Ägypten hinausgeworfen und jagt ihn quer durch die Wüste.«

Nach einem tiefen Seufzer ließ sich Bose vernehmen, aber nur mit einer kurzen Bemerkung: »Worte, Worte, alles nur Worte ...«

Man sah ihm an, daß es ihm nicht gutging. Er hatte in Berlin die Enttäuschung seines Lebens hinnehmen müssen, und sein Herz war müde.

»Und was ist so Heiliges in dem Koffer?« fragte einer.

Mahindra öffnete die Schlösser. »Starthilfe. Eine Million Dollar.«

»Echte Scheine?«

»Die besten, die man wohl in den KZs fälschen kann«, erklärte Mahindra.

»Sehr weit kommen wir damit nicht.«

»Ein Meter ist besser als nichts.«

»Und der Kampf, Freunde, für Ehre und Vaterland, geht weiter.«

Das Gespräch wurde gestört, weil draußen im Längsgang eine Anzahl von Kindern vorbeitobte.

Das älteste der indischen Kinder war die Tochter Mahindras. Vor einer Abteiltür blieb sie stehen, klopfte und bat die Sekretärin, sie bei ihrer Mutter anzumelden. Seitdem sie sich auf dem Weg nach Hause befanden, wurde das Protokoll streng eingehalten. Ohne Erlaubnis der Vorzimmerdame konnten auch die Kinder ihre Mütter nicht sprechen. Nach wenigen Minuten wurde Schandra zu ihrer Mutter gelassen. Diese umarmte, sorgfältig gekleidet, frisiert und geschminkt, ihre Tochter, aber sie blickte besorgt.

»Hast du Probleme? Darling, wenn du zu mir kommst, hast du immer welche.«

Die schöne Siebzehnjährige deutete einen Knicks an und nickte. »Schwere Sorgen, Frau Mutter.«

»Du bist so blaß.«

»Die Umstände.«

»Dann quäl mich bitte nicht.«

Unumwunden sagte ihre Tochter: »Ich bin über die Zeit, Mutter.«

»Wie meinst du das?«

»Zehn Tage, Frau Mutter.«

»Also zehn Tage … Aber mit was?«

Nun verwendete die junge Inderin einen Ausdruck, wie er eigentlich nur unter Gestütsbesitzern oder in Indien noch üblich war: »Ich glaube, ich habe aufgenommen, Frau Mutter.«

Um ihren kleinen Anfall abzudämpfen, legte ihre Mutter die Hand an den Mund und setzte sich langsam. »Bist du schwanger?«

Das Mädchen nickte. »Ja, ein Abschiedsgeschenk von ihm.«

»Schönes Abschiedsgeschenk, an dem du neun Monate zu tragen haben wirst … oder nicht. Wenn wir dich in Bombay wieder zur Jungfrau machen lassen, kann auch das mit dem Kind gleich übernommen werden.«

Das Mädchen reckte energisch sein Kinn vor und zeigte sich widerspenstig. »Das möchte ich aber nicht, Frau Mutter.«

»Ich dachte, du möchtest einen Mann und heiraten.«

»Ich möchte aber auch das Kind kriegen.«

»Und wie stellst du dir das vor?«

Die zielbewußte, tatkräftige junge Inderin schien bereits darüber nachgedacht zu haben.

»Du besitzt eine Teeplantage in Ceylon. Deine Schwester bewirtschaftet sie. Dort möchte ich die sieben Monate bis zur Niederkunft bleiben.«

Ihre Mutter schloß die Augen und sagte: »O Vater aller Götter.«

Aber sie fiel deswegen nicht in Ohnmacht, im Gegenteil. Der Plan ihrer Tochter schien einen Ausweg anzudeuten. Das mit der Jungfrauenoperation ging hinterher ja auch noch, und ihre Familie war ein verschwiegener Clan. Sie nahm ihre Tochter bei der Hand, zog sie auf ihren mütterlichen Schoß und umarmte sie. Beide weinten sich ein bißchen aneinander aus. Es waren nicht Tränen des Glücks, aber wohl auch nicht des Unglücks. Indessen rollte der Zug weiter nach Süden, durch Bayern, durch Österreich, nach Belgrad in Jugoslawien hinein.

Es klopfte. Die Stewardeß fragte, ob die Damen Kaffee wünschten.

Die Inderin fuhr sie an: »Sie wissen doch, daß wir Inder in der Hauptsache Tee trinken. Aber bringen Sie schon Ihren verdammten Kaffee.«

20

Das U-Boot Laurin hatte mit gereinigten Dieselfiltern den Stavangerfjord verlassen und spulte nun die eintönige Strecke an Norwegens Küste entlang nach Norden ab. Bis Spitzbergen lagen etwa zweitausend Seemeilen vor ihnen. Die Diesel liefen einwandfrei, nur die Navigation wurde schwierig.

Der Navi kam mit seinem Sextanten auf die Brücke, aber die Sonne war nur ein hellerer Punkt im grauen Gewölk. »Nix zu machen.« Er wandte sich an den Kommandanten: »Können wir etwas näher an die Küste? Es gibt da genug Berge, an denen man sich orientieren kann.«

»Die sehen doch alle gleich aus.«

»Aber ihre Höhen sind unterschiedlich. Der da achteraus, der aussieht wie das Matterhorn, ist eingezeichnet. Noch eine Stunde, dann tauchen die Sisters auf. Das sind Zwillinge. Wenn wir die haben, sind es noch hundert Meilen bis 83 Nord, und Spitzbergen liegt querab.«

»Erst die Bäreninsel.«

Das Wetter wurde zusehends schlechter. Böen fetzten Graupelschnee, der sofort an den Aufbauten festfror. Die Ledermäntel der Männer fühlten sich an wie aus Blech.

Auf das Zeichen von Leutnant Leidig wechselte der Kommandant den Kurs auf Westnordwest, etwa 285 Grad. Der Sund führte zwischen der Edgeinsel und der Barentsinsel hindurch direkt auf das Bergwerk zu. Der

Wind hatte Treibeis in den Sund geblasen, das sich jetzt zu einer geschlossenen Decke zusammenschob, aber die Platten waren nicht dicker als vier Zentimeter, und das U-Boot lief die achtzig Seemeilen hinein bis zu den Bergwerken.

Ein BdU-Funkspruch kam durch: »Russischer Panzerkreuzer verfügt über geheime, bisher unbekannte Abwehrmittel.«

»Was ist damit gemeint?« wandte sich der I WO an Laurin.

»Nehmen Sie sich eines der Photos vor, dann sehen Sie, daß vom Bug bis zum Heck des Russen etwa alle zwanzig Meter schräge Linien vom Deck bis zum Wasser verlaufen. Das wird es wohl sein.«

»Und was ist das, Herr Korvettenkapitän?«

»Blättern Sie in den alten Flottenhandbüchern nach. Im Ersten Weltkrieg hatte das fast jedes Schiff.«

Es war noch hell genug, und der Anleger am Kohlebergwerk wurde von riesigen Scheinwerfern beleuchtet. Der Anleger war leer, der Russe noch nicht da. Über Funk kamen Meldungen von U-Booten, die sich an der grönländischen Küste, also sehr weit weg, in einer Geleitzugschlacht befanden. Keines von ihnen hatte den Russen entdeckt.

»Aber er muß hier vorbei«, sagte Laurin, »er braucht Kohle.«

Eine gute Meile von dem Bergwerk entfernt bezog er Position und wartete. Selbst wenn das Bergwerk einen guten Ausguck hatte, würde man von dort aus das schmale, graue Boot in der Düsternis wohl kaum erkennen.

Der I WO kam auf die Brücke geklettert. »Ich hab's«, sagte er.

»Was damals jedes Schiff hatte, ist *top secret*. Damals wußte es allerdings fast jedes Kind«, sagte Laurin.

»Es sind Ausleger, Schwenkarme, 90 Grad ausfahrbar.

Daran hängen sie ihre stählernen Torpedonetze. Deshalb kamen die Aale bisher nicht durch.«

»Das ist jetzt wieder mal geheim«, fuhr Laurin fort. »Nach Skagerrak hat man es nicht mehr verwendet. Heute gilt die Devise: Lieber ein paar Knoten schneller, dann kriegen uns die U-Aale sowieso nicht.«

Der I WO starrte durch das Doppelglas, suchte See und Himmel ab, und fragte dann: »Und wie wollen Sie ihn kriegen, Herr Kapitän?«

Nach längerem Nachdenken antwortete Laurin: »Mit Gewalt.«

»Mit welcher Gewalt, Herr Kapitän?«

Da erzählte ihm Laurin eine kurze Geschichte: »Fünf Männer mit Spaten, Schaufeln und Pickeln wollen einen Pfahl ausgraben. Es gelingt ihnen nicht. Da kommt ein sechster vorbei, umarmt den Pfahl und zieht ihn locker heraus. Einer der fünf anderen meint dazu: ›Na ja, mit Gewalt.‹ Mit Gewalt geht alles, I WO.«

Der Kommandant ging hinunter in den Funkraum, ließ sich aus dem steifgefrorenen Lederzeug helfen und verdoppelte als erstes die Funkbesatzung. »Auf jedes Geräusch achten. Der Russe kommt entweder diese Nacht oder nächste oder übernächste Nacht. Vielleicht sogar bei Tag. Aber er kommt.«

Von der Freiwache ließ Laurin das Boot klarmachen, alle Torpedorohre laden, die Klappen öffnen. Die 8,8-cm-Sprenggranaten des Bordgeschützes mannten sie aus den Mattenlagern. Sie wurden im Bugraum gestapelt, alle mit dem Zünder nach vorn, sie hatten sechzig Granaten an Bord, und da es zwischen den Reservetorpedos zuwenig Platz gab, wurden auch Granaten in die Kojen der Mannschaft gelegt.

»Die brauchen wir sowieso nicht mehr«, entschied der Alte.

Als er wieder in der Zentrale war, flüsterten sich seine Männer zu: »Habt ihr gehört? Wir brauchen die Kojen nicht mehr. Wie meint er das?«

»Mann, hier bei zwanzig Grad minus geht dir der Arsch doch sowieso auf Grundeis.«

Laurin besprach mit dem Leitenden sein Vorhaben, dann sprach er mit dem Funkmaat. »Haben Sie Kontakt mit dem KFK?«

»Der Kriegsfischkutter hat sich gemeldet. Er steht etwa zwei Meilen ab in Richtung Land und wartet.«

»Kontakt halten«, befahl Laurin.

Dann stieg er hinauf auf die Brücke zu seinen Männern. Trotz Winterkleidung und Lederzeug und im Schutze der Brückenverkleidung war es kaum auszuhalten vor Kälte. Das Thermometer zeigte 24 Grad unter Null, und im steifen Nordostwind fühlte es sich an, als seien es 40 Grad.

»Wachablösung jeweils in zwei Stunden«, befahl Laurin, »und friert euch die Nasen nicht ab.«

Unten im Boot traf er noch bestimmte Vorbereitungen für sein Vorhaben, dann legte er sich in der Offiziersmesse kurz auf die Eckbank. Er schlief ein. Als er erwachte, war es schon früher Morgen, zumindest nach der Uhrzeit zu schließen. Er nahm seine Tasse Kaffee mit, machte seine Runde durch das Boot und bekam überall Meldung – Bugraum, Funkraum, Kombüse, Maschine: keine besonderen Vorkommnisse.

Da die Diesel nicht liefen, wurde es im Boot nicht warm. Das Kondenswasser bildete Eis an der inneren Hülle und an den Armaturen. Einen Tag wartete Laurin noch mit Geduld. Immer wieder rechnete ihm Leidig vor, daß der Russe auf seinem Umweg noch nicht zur Stelle sein konnte.

Doch dann, in der dritten Nacht, meldete der Funkmaat: »Fahrzeug nähert sich durch die Westeinfahrt Bäreninsel. Vermutlich zwei Dreiblattschrauben, Hubkolbendampfmaschinen.«

Das ist er, dachte Laurin. Im Ersten Weltkrieg waren die Schlachtschiffe auf diese Art gebaut worden. Erst die englische Dreadnought-Klasse wurde moderner. Nach außen hin kühl, aber innerlich aufgeregt, beobachtete er das Eindampfen und Festmachen des russischen Panzerkreuzers. In aller Ruhe legte die *Wozev* an und ankerte sogar. Die Mannschaften machten die Luken für die Deckbunker frei, und schon begann die Kohleübernahme. Der Kranführer des Bergwerks nahm die Kohle von einem riesigen schwarzen Haufen, fuhr sie herüber und schüttete den Behälter in den Panzerkreuzer.

»Mit jeder Ladung mindestens fünf Tonnen«, schätzte der I WO. »Wieviel wird er wohl an Bord nehmen?«

»Fünf- bis sechshundert Tonnen«, vermutete Leidig.

Laurin rechnete halblaut: »Pro Ladung fünf Minuten, macht bei hundert fünfhundert Minuten, macht acht Stunden.«

»Also ist er bis morgen früh auslaufbereit.«

Zur Sicherheit wurde auf dem Russenschiff scharf Ausguck gesetzt. Deshalb ließ Laurin tauchen, und das Schütten der Kohle, das Geprassel, war bis in die Tiefen zu hören. Der Wetterbericht klang gut, das war schlecht für sie. Am eisigblauen Polarhimmel hing müde die Mitternachtssonne.

»Ich greife an«, sagte Laurin zu dem LI. »Von der Barentsinsel her ziehen Wolken auf uns zu.«

Der Funker rief den Fischkutter.

Per Bordlautsprecher befahl Laurin: »Die ganze Besatzung aussteigen. Tauchretter mitnehmen.«

In der Zentrale stand er an der Leiter, die zum Turm führte, und schüttelte jedem der Männer zum Abschied stumm die Hand. Inzwischen hatte der Leitende achtern die zwei schweren Diesel gestartet sowie die E-Maschinen dazugeschaltet, 1 000 PS, dann kam er nach vorn und salutierte.

»Befehl ausgeführt, Herr Korvettenkapitän. AK voraus.«

»Steuern Sie 260 Grad an. Alle Maschinen.«

Laurin klopfte ihm auf die Schulter. »Ein schöner Tag zum Sterben.«

»Dann mit Gott.«

Der LI erreichte den Turm, setzte das Boot auf Kampfkurs und hechtete von Deck in Richtung auf den Kutter. Dort zogen sie ihn heraus. Das Boot kam in Fahrt. Laurin hatte im Sehrohr die genaue Kurszahl eingespiegelt und steuerte das Boot nun im Fadenkreuz haarscharf auf den russischen Panzerkreuzer ein. Für die Meile, die zwischen ihnen lag, würde sich an dem Kurs des Bootes wenig ändern.

Dann kletterte er hinauf, verschloß das Turmluk und klopfte zweimal drauf.

»Mach's gut, alter Knabe.«

Auf dem Kutter wartete die Besatzung auf den Alten.

Einer der Männer sagte: »Der spielt Kamikaze, obwohl es verboten ist.«

»Was bedeutet Kamikaze?«

»Das sind japanische Selbstmordkämpfer.«

»Und woher weißt du das?«

»Man hat den Offizieren einen Film gezeigt und extra verboten, daß wir so was hier nachmachen. Direkt aus dem Führerhauptquartier kam der Befehl. Der Vorführer hat es einem Fahrer erzählt, der Fahrer einem Mechaniker, der Mechaniker seiner Frau, und die arbeitet in der Küche. Na ja, und so weiß es jetzt ganz Flensburg.«

Sie sahen, wie der Kommandant auf der Brücke Flaggen setzte, herunterkletterte, dann aber nicht über Bord sprang, um den Schraubensog zu vermeiden. Er lief nach achtern und hechtete erst dort mit Anlauf ins eisfreie Heckwasser. Der Kutter näherte sich ihm.

Jetzt endlich hatten die Russen an der Kohlestation etwas bemerkt. Sie konnten nicht genau wissen, was auf sie zukam, aber weg konnten sie auch nicht. Sie lagen vor Anker. Also feuerten sie mit allen Rohren, die sie hatten, auf das heranrasende U-Boot. Nur die 40-cm-Drillingstürme schwiegen. Es war mehr als ein Kugelhagel, was Boot Laurin empfing, es war ein Stahlregen. Aber seine Fahrt war nicht mehr aufzuhalten.

Mit seinen achthundert Tonnen Gewicht durchriß es die Torpedonetze und bohrte sich in die Flanke der *Wozev.* Von einer der letzten Kugeln wurde der Kommandant am Bein getroffen. Erst fühlte er nur einen dumpfen Schlag, doch als seine Männer ihn an Bord des Kutters zerrten, setzten höllische Schmerzen ein. Die Lederhose war aufgeschlitzt, blutendes Fleisch schaute heraus und ein Stück gelber Knochen. Aber das Bein war noch dran. Doch bevor die schwarzen Nebel der Bewußtlosigkeit Laurin umfingen, wurde er noch Zeuge von einer Art Vesuvausbruch.

Die acht Torpedos von U-Laurin sowie die gesamten Granaten gingen im Innern des Panzerkreuzers hoch. Vermutlich trafen sie auf Bereitstellungsmunition des Russen, denn die Wirkung war unvorstellbar. Der Lärm der Detonation schmerzte in den Ohren, die Druckwellen raubten den Männern den Atem. Ein riesiger Feuerball arbeitete sich hoch in den Himmel. Unter der Wirkung des Sprengstoffes brach der Bug des Russen ab, und der Rest bohrte sich sinkend, beinahe senkrecht, in den Meeresboden.

Die einzelnen Abteilungen des Russen flogen hoch, auch eine Reihe von gelben Fässern. Die Detonation war so stark, daß das Echo von den Bergwänden widerhallte und der Druck Lawinen auslöste, die weißstaubend zu Tal rasten.

Den Männern von U-Laurin blieb das Siegeshurra im Halse stecken. Stumm betrachteten sie das Chaos von Feuer, Stahl und Untergang.

Der I WO wandte sich an den Kutterführer: »Nehmen Sie Kurs Ost. Auf schnellstem Wege ins Krankenhaus nach Narvik.«

An diesem Tag meldete der Frontbericht: »Heute versenkte ein deutsches Unterseeboot bei der Bäreninsel den schweren russischen Panzerkreuzer *Wozev*. Dies durch den todesmutigen Einsatz des Kommandanten, Ritterkreuzträger Korvettenkapitän Laurin.«

Dann erschollen Siegesfanfaren.

21

Fünfundzwanzig Jahre nach Ende des Zweiten Weltkriegs hatte die Bundesrepublik Deutschland wieder eine Luftwaffe, ein Heer und eine Marine. Das Embargo wurde aufgehoben, Kampfpanzer Leopard und U-Boote durften an befreundete Nationen geliefert werden.

Gegen den Protest von Nordkorea, China und Kuba bekam Indien eine Flottille des Typs 3. Nach Lieferung der ersten Küsten-U-Boote schulten deutsche Marineoffiziere die Inder auf den neuen Typ ein. Die Inder waren bisher auf rostigen alten Schrottbooten des Zweiten Weltkrieges gefahren und fühlten sich in einer neuen Welt.

Nachdem die Boote geliefert waren, sollte die offizielle Übergabe stattfinden. Dazu flog eine Delegation von Bonn nach Bombay. Nach der feierlichen Indienststellung gab es ein Galadiner im Regierungspalast in Delhi. Kaum waren die Ansprachen beendet, nahm die Minsterpräsidentin Gandhi auf dem freien Stuhl neben dem deutschen Vizeadmiral Laurin Platz. Leise, für die anderen Gäste nicht hörbar, sagte sie: »Der Verteidigungsminister wird noch von den Arabern festgehalten. Es geht um Öl. Wenn die mal sitzen, dann sitzen die. Sie können jetzt aber zur Ordensübergabe schreiten, ich melde Sie telefonisch an.«

Im Verteidigungsministerium wurde der deutsche Admiral schon erwartet und sofort vorgelassen. Das Privatbüro des Verteidigungsministers, eine Pracht aus rotem Edelholz und Gold, war so groß wie ein halber Tennisplatz. Und dann fiel der deutsche Admiral vor Staunen beinahe in Ohnmacht. Im Sessel hinter dem riesigen Schreibtisch saß eine wunderschöne Frau, und er kannte diese Frau. Mirhana hatte sich kaum verändert.

Wie es sich gehörte, salutierte der Admiral, entnahm dann dem Lederetui den Orden und sagte: »Mit Grüßen und besten Wünschen des deutschen Präsidenten darf ich Ihnen, Exzellenz, den Großen Adlerorden umlegen für Verdienste um unsere Nation.«

Sie war aufgestanden. Vizeadmiral Laurin befestigte ihr den Orden um ihren schlanken Hals.

Als er fertig war, fragte Mirhana: »Ist es nicht üblich, den Dekorierten zu küssen?«

»In diesem Falle küßt der Dekorierte.«

Sie küßte ihn auf beide Wangen, nahm ihn dann beim Arm. »Laß uns ein Stück gehen, Admiral.«

Sie umrundeten den zehn mal fünf Meter großen Palastteppich, und Mirhana sagte: »Du hinkst ja leicht.«

»Mein linkes Bein ist einen Zentimeter kürzer. Verwundung.«

»Wie geht es dir?«

»Wie geht es Ihnen, Exzellenza?«

Sie atmete tief. Ihr zartbraunes, prallgefülltes Dekolleté spannte sich dabei. »Mein Vater starb bei einem Flugzeugabsturz. Der britische Geheimdienst MI 6 hat nachgeholfen. Wir wissen es, können es aber nicht beweisen. Aber die Briten bekommen ihre Quittung. Indien gehört jetzt gleichberechtigt dem Commonwealth an. Schluß mit Kronkolonie. Mein Mann starb vor wenigen Jahren und hinterließ mir sein Erbe. Die größte Brauerei Indiens. Wir beschäftigen bayerische Braumeister und Schweizer Direktoren.«

Laurin unterdrückte die Frage, die er auf der Zunge hatte.

»Außerdem hinterließ er mir noch eine Tochter. Sie arbeitete erst als Dozentin für Indologie an der Sorbonne in Paris und jetzt als Professorin für Germanistik an der Universität Bombay.« Sie blieb stehen und blickte ihn an. »Du fragst gar nicht: Wie alt ist diese Tochter?«

»Wie alt ist Ihre Tochter, Exzellenza?«

Sie schloß die rätselhaften braunen Augen, blies sich eine der dunklen Locken aus der Stirn und sagte: »Meine Tochter ist einige Jahre über dreißig.«

Und dann konnte Laurin – wie man seinem Gesicht ansah – nicht vermeiden, daß er rechnete.

»Bei unserer Hochzeit war mein Mann schon zeugungsunfähig. Er hat meine Tochter an Kindes Statt angenommen.«

Laurin fragte jetzt nicht weiter nach dem Vater des Kindes. »Wo ist sie geboren?«

»In Ceylon auf der Plantage meiner Tante.«

»Und gezeugt?«

Sie lächelte ein wenig hinterhältig. »In Berlin. Tochter eines deutschen U-Boot-Offiziers. Die Mutter ist Tochter einer Ceylonesin und eines Inders. Fabelhafte Mischung, wie?«

Er wagte es, sie zu umarmen und zog sie an sich. »Ich hatte ja keine Ahnung.«

»Die Feldpolizei hat uns in meinem Schlafzimmer überrascht, da muß es in der Aufregung passiert sein. Aber das wird nicht noch einmal geschehen.« Beinahe ansatzlos fuhr sie fort: »Und du?«

»Gewiß hast du mein Dossier auf dem Schreibtisch liegen«, antwortete er.

»Du hast nicht geheiratet, Laurin.«

»Wer mit Kaviar begonnen hat …«, versuchte er zu scherzen.

Sie fuhr für ihn fort, den Satz zu ergänzen: »Du meinst, nach echtem Kaviar mag man keinen deutschen mehr.«

Er vermied das Wort vom Mariechen Schmidt. »Ich habe Maschinenbau studiert und trat dann sofort bei der neuen Marine ein.«

Wie ein Schatten tauchte die Hausdame auf. Sie hängte der Ministerin einen Mantel aus Zobel um und meldete: »Der Wagen ist vorgefahren, Exzellenza.«

Sie schritten die Freitreppe hinunter. Draußen stand der schwarze Rolls-Royce.

Als sie Platz genommen hatten, sagte die Ministerin: »Nicht, daß du glaubst, bei mir sei die Armut ausgebrochen. Der Zobel ist ein Geschenk des Politbüros in Moskau an Indien. Den werde ich zurückgeben, wenn ich mein Amt eines Tages beende. Dieser Rolls-Royce und die anderen zwei gehören allerdings mir.« Wie er fürchtete, kamen sie jetzt zur Trauerabteilung. »Zu Hause gibt es einen kleinen Imbiß. Bevor wir fröhlich feiern, letzte Frage: Wie geht es Laurin?«

Da zitierte er ein wenig abgewandelt das alte Seemannsgedicht:

»Laurin, du Kühner,
Wo liegt dein Grab?
Wo sank dein grüner
Lorbeer hinab? Wo ist die Stätte
Umbraust von Wogenschnee
Tief unter der See?«

Sie hatte ihren Arm unter den seinen geschoben und drückte ihn an sich. Er spürte ihr Herz schlagen. Es war ihm, als hätte sie geweint.

»Laurin«, sagte er kehlig, »das Jagd-U-Boot Laurin gibt's nicht mehr.«

Sie nahm sein Gesicht in beide Hände, küßte ihn und flüsterte: »Bei Gott, eines weiß ich besser – Laurin gibt es noch … es gibt ihn noch.«